하늘과 바람과 별과 시

하늘과 바람과 별과 시

윤동주 시집 | 신형건 엮음

보물창고

차례

|제1부|
별 헤는 밤

서시 13
새로운 길 14
자화상 15
소년 16
눈 오는 지도 17
코스모스 18
풍경 19
바다 20
내일은 없다 22
눈 감고 간다 23
길 24
간판 없는 거리 26
종달새 28
병원 29
바람이 불어 30
초 한 대 31
가슴 1 32
가슴 3 33
위로 34
장 35

슬픈 족속 36
아우의 인상화 37
참회록 38
투르게네프의 언덕 40
별 헤는 밤 42

|제2부|
오줌싸개 지도

귀뚜라미와 나와 47
반딧불 48
산울림 49
오줌싸개 지도 50
해바라기 얼굴 51
굴뚝 52
고향 집 53
편지 54
못 자는 밤 55
밤 56
아기의 새벽 57
빨래 58
참새 59
햇빛·바람 60
버선본 61
거짓부리 62

빗자루 63
만돌이 64
무얼 먹고 사나 66
조개껍질 67
기왓장 내외 68
햇비 69
병아리 70
닭 71
비행기 72
둘 다 73
봄 74
나무 75
개 76
눈 77
사과 78
할아버지 79
눈 80
겨울 81
호주머니 82

|제3부|
흐르는 거리

산골 물 85
거리에서 86

공상 88
남쪽 하늘 89
비둘기 90
이별 91
꿈은 깨어지고 92
황혼 94
닭 95
산상 96
오후의 구장 97
양지쪽 98
고추밭 99
아침 100
비 뒤 101
곡간 102
유언 104
비로봉 105
명상 106
달같이 107
이적 108
흐르는 거리 109

|제4부|
또 다른 고향

돌아와 보는 밤 113
태초의 아침 114

또 태초의 아침 115
새벽이 올 때까지 116
무서운 시간 117
십자가 118
삶과 죽음 120
간 121
봄 122
그 여자 123
사랑의 전당 124
소낙비 126
팔복 127
흰 그림자 128
사랑스런 추억 130
쉽게 씌어진 시 132
또 다른 고향 134

|제5부|
달을 쏘다(산문)

달을 쏘다 139
별똥 떨어진 데 142
화원에 꽃이 핀다 146
종시 150

윤동주 연보 • 160
엮은이의 말 • 165

● **일러두기**

1. 시인의 자필 시고(『사진판 윤동주 자필 시고전집』, 민음사, 1999)를 원본으로 삼았으며 그 외의 여러 판본을 참고하였다.
2. 표기는 오늘날의 한글 맞춤법에 맞게 바로잡았다. 그러나 시의 운율이나 어감을 살릴 필요가 있는 경우엔 옛말이나 사투리도 그대로 두었다.
3. 독자의 작품 이해를 돕기 위해 지금 잘 쓰이지 않는 말은 풀이말을 달았으며, 한자어는 한글로 바꾸고 필요한 경우 함께 표기하였다.
4. 잘못 쓰인 말들은 시의 느낌과 시인의 의도를 해치지 않는 범위 내에서 바로잡았다.
5. 시인 자신이 '동시' 또는 '동요'라고 밝힌 작품들을 따로 모아 제2부에 실었으며, 그렇게 밝히지는 않았지만 동시로 읽힐 만한 시들도 몇 편 함께 실었다. 일부 동시의 경우, 어미가 옛말투여서 시의 느낌이 반감되는 경우엔 시인 자신의 개고 흔적을 참고하여 어린이 독자에게 친근한 어투로 바꾸었다.
6. 시인이 연희전문학교 문과 재학시절에 쓴 것으로 추정되는 네 편의 산문을 제5부에 실었다.

제1부
별 헤는 밤

서시

죽는 날까지 하늘을 우러러
한 점 부끄럼이 없기를,
잎새에 이는 바람에도
나는 괴로워했다.
별을 노래하는 마음으로
모든 죽어 가는 것을 사랑해야지
그리고 나한테 주어진 길을
걸어가야겠다.

오늘 밤에도 별이 바람에 스치운다.

새로운 길

내를 건너서 숲으로
고개를 넘어서 마을로

어제도 가고 오늘도 갈
나의 길 새로운 길

민들레가 피고 까치가 날고
아가씨가 지나고 바람이 일고

나의 길은 언제나 새로운 길
오늘도…… 내일도……

내를 건너서 숲으로
고개를 넘어서 마을로

자화상

 산모퉁이를 돌아 논가 외딴 우물을 홀로 찾아가선 가만히 들여다봅니다.

 우물 속에는 달이 밝고 구름이 흐르고 하늘이 펼치고 파아란 바람이 불고 가을이 있습니다.

 그리고 한 사나이가 있습니다.
 어쩐지 그 사나이가 미워져 돌아갑니다.

 돌아가다 생각하니 그 사나이가 가엾어집니다. 도로 가 들여다보니 사나이는 그대로 있습니다.

 다시 그 사나이가 미워져 돌아갑니다. 돌아가다 생각하니 그 사나이가 그리워집니다.

 우물 속에는 달이 밝고 구름이 흐르고 하늘이 펼치고 파아란 바람이 불고 가을이 있고 추억처럼 사나이가 있습니다.

소년

 여기저기서 단풍잎 같은 슬픈 가을이 뚝뚝 떨어진다. 단풍잎 떨어져 나온 자리마다 봄을 마련해 놓고 나뭇가지 위에 하늘이 펼쳐 있다. 가만히 하늘을 들여다보려면 눈썹에 파란 물감이 든다. 두 손으로 따뜻한 볼을 씻어 보면 손바닥에도 파란 물감이 묻어난다. 다시 손바닥을 들여다본다. 손금에는 맑은 강물이 흐르고, 맑은 강물이 흐르고, 강물 속에는 사랑처럼 슬픈 얼굴― 아름다운 순이의 얼굴이 어린다. 소년은 황홀히 눈을 감아 본다. 그래도 맑은 강물은 흘러 사랑처럼 슬픈 얼굴― 아름다운 순이의 얼굴은 어린다.

눈 오는 지도

　순이가 떠난다는 아침에 말 못 할 마음으로 함박눈이 내려, 슬픈 것처럼 창 밖에 아득히 깔린 지도 위에 덮인다.
　방 안을 돌아다보아야 아무도 없다. 벽과 천장이 하얗다. 방 안에까지 눈이 내리는 것일까, 정말 너는 잃어버린 역사처럼 홀홀이 가는 것이냐, 떠나기 전에 일러둘 말이 있던 것을 편지를 써서도 네가 가는 곳을 몰라 어느 거리, 어느 마을, 어느 지붕 밑, 너는 내 마음속에만 남아 있는 것이냐, 네 쪼고만 발자국을 눈이 자꾸 내려 덮여 따라갈 수도 없다. 눈이 녹으면 남은 발자국 자리마다 꽃이 피리니, 꽃 사이로 발자국을 찾아 나서면 일 년 열두 달 하냥* 내 마음에는 눈이 내리리라.

*하냥 : 늘.

코스모스

청초한 코스모스는
오직 하나인 나의 아가씨,

달빛이 싸늘히 추운 밤이면
옛 소녀가 못 견디게 그리워
코스모스 핀 정원으로 찾아간다.

코스모스는
귀뚜라미 울음에도 수줍어지고,

코스모스 앞에선 나는
어렸을 적처럼 부끄러워지나니,

내 마음은 코스모스의 마음이요
코스모스의 마음은 내 마음이다.

풍경

봄바람을 등진 초록빛 바다
쏟아질 듯 쏟아질 듯 위태롭다.

잔주름 치마폭의 두둥실거리는 물결은,
오스라질 듯 한껏 경쾌롭다.

마스트 끝에 붉은 깃발이
여인의 머리칼처럼 나부낀다

    * *

이 생생한 풍경을 앞세우며 뒤세우며
온 하루 거닐고 싶다.

―우중충한 오월 하늘 아래로
―바다 빛 포기포기에 수놓은 언덕으로.

바다

실어다 뿌리는
바람조차 씨원타.

솔나무 가지마다 새침히
고개를 돌리어 뻐드러지고,

밀치고
밀치운다.

이랑을 넘는 물결은
폭포처럼 피어오른다.

해변에 아이들이 모인다
찰찰 손을 씻고 구보로.

바다는 자꾸 설워진다.
갈매기의 노래에……

돌아다보고 돌아다보고
돌아가는 오늘의 바다여!

내일은 없다
-어린 마음이 물은

내일 내일 하기에
물었더니
밤을 자고 동틀 때
내일이라고

새날을 찾던 나는
잠을 자고 돌아보니
그때는 내일이 아니라
오늘이더라

동무여!
내일은 없나니
………

눈 감고 간다

태양을 사모하는 아이들아
별을 사랑하는 아이들아

밤이 어두웠는데
눈 감고 가거라.

가진 바 씨앗을
뿌리면서 가거라.

발부리에 돌이 채이거든
감았던 눈을 와짝 떠라.

길

잃어버렸습니다.
무얼 어디다 잃었는지 몰라
두 손이 주머니를 더듬어
길에 나아갑니다.

돌과 돌과 돌이 끝없이 연달아
길은 돌담을 끼고 갑니다.

담은 쇠문을 굳게 닫아
길 위에 긴 그림자를 드리우고

길은 아침에서 저녁으로
저녁에서 아침으로 통했습니다.

돌담을 더듬어 눈물짓다
쳐다보면 하늘은 부끄럽게 푸릅니다.

풀 한 포기 없는 이 길을 걷는 것은
담 저쪽에 내가 남아 있는 까닭이고,

내가 사는 것은, 다만,
잃은 것을 찾는 까닭입니다.

간판 없는 거리

정거장 플랫폼에
내렸을 때 아무도 없어,

다들 손님들뿐
손님 같은 사람들뿐,

집집마다 간판이 없어
집 찾을 근심이 없어

빨갛게
파랗게
불붙는 문자도 없어

모퉁이마다
자애로운 헌 와사등*에
불을 켜 놓고,

손목을 잡으면
다들, 어진 사람들
다들, 어진 사람들

봄, 여름, 가을, 겨울,
순서로 돌아들고.

*와사등 : 가스등.

종달새

종달새는 이른 봄날
질디진 거리의 뒷골목이
싫더라.
명랑한 봄 하늘,
가벼운 두 나래를 펴서
요염한 봄노래가
좋더라.
그러나,
오늘도 구멍 뚫린 구두를 끌고,
홀렁홀렁 뒷거릿길로
고기 새끼 같은 나는 헤매나니,
나래와 노래가 없음인가
가슴이 답답하구나.

병원

 살구나무 그늘로 얼굴을 가리고, 병원 뒤뜰에 누워, 젊은 여자가 흰옷 아래로 하얀 다리를 드러내 놓고 일광욕을 한다. 한나절이 기울도록 가슴을 앓는다는 이 여자를 찾아오는 이, 나비 한 마리도 없다. 슬프지도 않은 살구나무 가지에는 바람조차 없다.

 나도 모를 아픔을 오래 참다 처음으로 이곳에 찾아왔다. 그러나 나의 늙은 의사는 젊은이의 병을 모른다. 나한테는 병이 없다고 한다. 이 지나친 시련, 이 지나친 피로, 나는 성내서는 안 된다.

 여자는 자리에서 일어나 옷깃을 여미고 화단에서 금잔화 한 포기를 따 가슴에 꽂고 병실 안으로 사라진다. 나는 그 여자의 건강이— 아니 내 건강도 속히 회복되기를 바라며 그가 누웠던 자리에 누워 본다.

바람이 불어

바람이 어디로부터 불어와
어디로 불려 가는 것일까,

바람이 부는데
내 괴로움에는 이유가 없다.

내 괴로움에는 이유가 없을까,

단 한 여자를 사랑한 일도 없다.
시대를 슬퍼한 일도 없다.

바람이 자꾸 부는데
내 발이 반석 위에 섰다.

강물이 자꾸 흐르는데
내 발이 언덕 위에 섰다.

초 한 대

초 한 대—
내 방에 풍긴 향내를 맡는다.

광명의 제단이 무너지기 전
나는 깨끗한 제물을 보았다.

염소의 갈비뼈 같은 그의 몸,
그리고도 그의 생명인 심지(心志)까지
백옥 같은 눈물과 피를 흘려
불살라 버린다.

그리고도 책상머리에 아롱거리며
선녀처럼 촛불은 춤을 춘다.

매를 본 꿩이 도망가듯이
암흑이 창구멍으로 도망간
나의 방에 풍긴
제물의 위대한 향내를 맛보노라.

가슴 1

소리 없는 북,
답답하면 주먹으로
뚜드려 보오.

그래 봐도
후—
가-는 한숨보다 못하오.

가슴 3

불 꺼진 화독을
안고 도는 겨울밤은 깊었다.

재만 남은 가슴이
문풍지 소리에 떤다.

위로

 거미란 놈이 흉한 심보로 병원 뒤뜰 난간과 꽃밭 사이 사람 발이 잘 닿지 않는 곳에 그물을 쳐 놓았다. 옥외 요양을 받는 젊은 사나이가 누워서 치어다보기 바르게—

 나비가 한 마리 꽃밭에 날아들다 그물에 걸리었다. 노-란 날개를 파득거려도 파득거려도 나비는 자꾸 감기우기만 한다. 거미가 쏜살같이 가더니 끝없는 끝없는 실을 뽑아 나비의 온몸을 감아 버린다. 사나이는 긴 한숨을 쉬었다.

 나(歲)*보담 무수한 고생 끝에 때를 잃고 병을 얻은 이 사나이를 위로할 말이— 거미줄을 헝클어 버리는 것밖에 위로의 말이 없었다.

*나(歲) : 나이.

장

이른 아침 아낙네들은 시든 생활을
바구니 하나 가득 담아 이고……
업고 지고…… 안고 들고……
모여드오 자꾸 장에 모여드오.

가난한 생활을 골골이 벌여 놓고
밀려가고 밀려오고……
저마다 생활을 외치오…… 싸우오.

온 하루 올망졸망한 생활을
되질하고 저울질하고 자질하다가
날이 저물어 아낙네들이
쓴 생활과 바꾸어 또 이고 돌아가오.

슬픈 족속

흰 수건이 검은 머리를 두르고
흰 고무신이 거친 발에 걸리우다.

흰 저고리 치마가 슬픈 몸집을 가리고
흰 띠가 가는 허리를 질끈 동이다.

아우의 인상화

붉은 이마에 싸늘한 달이 서리어
아우의 얼굴은 슬픈 그림이다.

발걸음을 멈추어
살그머니 앳된 손을 잡으며
"너는 자라 무엇이 되려니"
"사람이 되지"
아우의 설운 진정코 설운 대답이다.

슬며-시 잡았던 손을 놓고
아우의 얼굴을 다시 들여다본다.

싸늘한 달이 붉은 이마에 젖어
아우의 얼굴은 슬픈 그림이다.

참회록

파란 녹이 낀 구리 거울 속에
내 얼굴이 남아 있는 것은
어느 왕조의 유물이기에
이다지도 욕될까.

나는 나의 참회의 글을 한 줄에 줄이자.
 ―만 이십사 년 일 개월을
  무슨 기쁨을 바라 살아왔던가.

내일이나 모레나 그 어느 즐거운 날에
나는 또 한 줄의 참회록을 써야 한다.
 ―그때 그 젊은 나이에
  왜 그런 부끄런 고백을 했던가.

밤이면 밤마다 나의 거울을
손바닥으로 발바닥으로 닦아 보자.

그러면 어느 운석 밑으로 홀로 걸어가는
슬픈 사람의 뒷모양이
거울 속에 나타나 온다.

트루게네프의 언덕

 나는 고갯길을 넘고 있었다…… 그때 세 소년 거지가 나를 지나쳤다.

 첫째 아이는 잔등에 바구니를 둘러메고, 바구니 속에는 사이다병, 통조림통, 쇳조각, 헌 양말짝 등 폐물이 가득하였다.

 둘째 아이도 그러하였다.

 셋째 아이도 그러하였다.

 텁수룩한 머리털, 시커먼 얼굴에 눈물 고인 충혈된 눈, 색 잃어 푸르스름한 입술, 너들너들한 남루, 찢겨진 맨발,

 아— 얼마나 무서운 가난이 이 어린 소년들을 삼키었느냐!

 나는 측은한 마음이 움직이었다.

 나는 호주머니를 뒤지었다. 두툼한 지갑, 시계, 손수건…… 있을 것은 죄다 있었다.

 그러나 무턱대고 이것들을 내줄 용기는 없었다. 손으로 만지작 만지작거릴 뿐이었다.

 다정스레 이야기나 하리라 하고 "애들아." 불러보았다.

첫째 아이가 충혈된 눈으로 흘끔 돌아다볼 뿐이었다.
둘째 아이도 그러할 뿐이었다.
셋째 아이도 그러할 뿐이었다.
그러고는 너는 상관없다는 듯이 자기네끼리 소곤소곤 이야기하면서 고개로 넘어갔다.
언덕 위에는 아무도 없었다.
짙어가는 황혼이 밀려들 뿐—

별 헤는 밤

계절이 지나가는 하늘에는
가을로 가득 차 있습니다.

나는 아무 걱정도 없이
가을 속의 별들을 다 헤일 듯합니다.

가슴속에 하나 둘 새겨지는 별을
이제 다 못 헤는 것은
쉬이 아침이 오는 까닭이요,
내일 밤이 남은 까닭이요,
아직 나의 청춘이 다하지 않은 까닭입니다.

별 하나에 추억과
별 하나에 사랑과
별 하나에 쓸쓸함과
별 하나에 동경과
별 하나에 시와

별 하나에 어머니, 어머니,

어머님, 나는 별 하나에 아름다운 말 한 마디씩 불러 봅니다. 소학교 때 책상을 같이 했던 아이들의 이름과, 패, 경, 옥 이런 이국 소녀들의 이름과, 벌써 애기 어머니 된 계집애들의 이름과, 가난한 이웃 사람들의 이름과, 비둘기, 강아지, 토끼, 노새, 노루, '프랑시스 잠', '라이너 마리아 릴케' 이런 시인의 이름을 불러 봅니다.

이네들은 너무나 멀리 있습니다.
별이 아슬히 멀듯이,

어머님,
그리고 당신은 멀리 북간도에 계십니다.

나는 무엇인지 그리워
이 많은 별빛이 내린 언덕 위에
내 이름자를 써 보고,

흙으로 덮어 버리었습니다.

딴은 밤을 새워 우는 벌레는
부끄러운 이름을 슬퍼하는 까닭입니다.

그러나 겨울이 지나고 나의 별에도 봄이 오면
무덤 위에 파란 잔디가 피어나듯이
내 이름자 묻힌 언덕 위에도
자랑처럼 풀이 무성할 게외다.

제2부
오줌싸개 지도

귀뚜라미와 나와

귀뚜라미와 나와
잔디밭에서 이야기했다.

귀뚤귀뚤
귀뚤귀뚤

아무에게도 알으켜 주지 말고
우리 둘만 알자고 약속했다.

귀뚤귀뚤
귀뚤귀뚤

귀뚜라미와 나와
달 밝은 밤에 이야기했다.

반딧불

가자 가자 가자
숲으로 가자
달 조각을 주우러
숲으로 가자

  그믐밤 반딧불은
  부서진 달 조각

  가자 가자 가자
  숲으로 가자
  달 조각을 주우러
  숲으로 가자

산울림

까치가 울어서
산울림,
아무도 못 들은
산울림.

까치가 들었다
산울림,
저 혼자 들었다
산울림.

오줌싸개 지도

빨랫줄에 걸어 논
    요에다 그린 지도
지난밤에 내 동생
    오줌 싸 그린 지도

꿈에 가 본 엄마 계신
    별나라 지돈가?
돈 벌러 간 아빠 계신
    만주 땅 지돈가?

해바라기 얼굴

누나의 얼굴은
　해바라기 얼굴
해가 금방 뜨자
　일터에 간다.

해바라기 얼굴은
　누나의 얼굴
얼굴이 숙어지어
　집으로 온다.

굴뚝

산골짜기 오막살이 낮은 굴뚝엔
몽기몽기 웬 연기 대낮에 솟나

감자를 굽는 게지 총각애들이
깜박깜박 검은 눈이 모여 앉아서
입술에 꺼멓게 숯을 바르고
옛이야기 한 커리*에 감자 하나씩

산골짜기 오막살이 낮은 굴뚝엔
살랑살랑 솟아나네 감자 굽는 내.

*한 커리 : 한 켤레, 한 가지.

고향 집
　-만주에서 부른

헌 짚신짝 끄을고
　나 여기 왜 왔노
두만강을 건너서
　쓸쓸한 이 땅에

남쪽 하늘 저 밑엔
　따뜻한 내 고향
내 어머니 계신 곳
　그리운 고향 집.

편지

누나!
이 겨울에도
눈이 가득히 왔습니다.

흰 봉투에
눈을 한 줌 넣고
글씨도 쓰지 말고
우표도 붙이지 말고
말쑥하게 그대로
편지를 부칠까요.

누나 가신 나라엔
눈이 아니 온다기에.

못 자는 밤

하나, 둘, 셋, 넷
………
밤은
많기도 하다.

밤

외양간 당나귀
아앙 앙 외마디 울음 울고,

당나귀 소리에
으-아 아 아기 소스라쳐 깨고,

등잔에 불을 달아요.

아버지는 당나귀에게
짚을 한 키 담아 주고,

어머니는 아기에게
젖을 한 모금 먹이고,

밤은 다시 고요히 잠들어요.

아기의 새벽

우리 집에는
닭도 없단다.
다만
아기가 젖 달라 울어서
새벽이 된다.

우리 집에는
시계도 없단다.
다만
아기가 젖 달라 보채어
새벽이 된다.

빨래

빨랫줄에 두 다리를 드리우고
흰 빨래들이 귓속말하는 오후,

쨍쨍한 칠월 햇발은 고요히도
아담한 빨래에만 달린다.

참새

가을 지난 마당은 하이얀 종이
참새들이 글씨를 공부하지요.

째액째액 입으론 받아 읽으며
두 발로는 글씨를 연습하지요.

하루 종일 글씨를 공부하여도
쨱 자 한 자밖에는 더 못 쓰는걸.

햇빛·바람

손가락에 침 발라
쏘옥, 쏙, 쏙
장에 가는 엄마 내다보려
문풍지를
쏘옥, 쏙, 쏙

아침에 햇빛이 빤짝,

손가락에 침 발라
쏘옥, 쏙, 쏙
장에 가신 엄마 돌아오나
문풍지를
쏘옥, 쏙, 쏙

저녁에 바람이 솔솔.

버선본

어머니!
누나 쓰다 버린 습자지는
두었다간 뭣에 쓰나요?

그런 줄 몰랐더니
습자지에다 내 버선 놓고
가위로 오려
버선본 만드는걸.

어머니!
내가 쓰다 버린 몽당연필은
두었다간 뭣에 쓰나요?

그런 줄 몰랐더니
천 위에다 버선본 놓고
침 발라 점을 찍곤
내 버선 만드는걸.

거짓부리

똑, 똑, 똑,
문 좀 열어 주셔요
하룻밤 자고 갑시다.
　밤은 깊고 날은 추운데
　거 누굴까?
문 열어 주고 보니
검둥이 꼬리가
거짓부리한걸.

꼬기요, 꼬기요,
달걀 낳았다
간난아! 어서 집어 가거라.
　간난이 뛰어가 보니
　달걀은 무슨 달걀
고놈의 암탉이
대낮에 새빨간
거짓부리한걸.

빗자루

요-리조리 베면 저고리 되고
이-렇게 베면 큰 총 되지.
    누나하고 나하고
    가위로 종이 쏠았더니
    어머니가 빗자루 들고
    누나 하나 나 하나
    볼기짝을 때렸어요
    방바닥이 어지럽다고—

    아니 아-니
    고놈의 빗자루가
    방바닥 쓸기 싫으니
    그랬지 그랬어
괘씸하여 벽장 속에 감췄더니
이튿날 아침 빗자루가 없다고
어머니가 야단이지요.

만돌이

만돌이가 학교에서 돌아오다가
전봇대 있는 데서
돌재기* 다섯 개를 주웠습니다.

전봇대를 겨누고
돌 한 개를 뿌렸습니다.
―딱―
두 개째 뿌렸습니다.
―아뿔싸―
세 개째 뿌렸습니다.
―딱―
네 개째 뿌렸습니다.
―아뿔싸―
다섯 개째 뿌렸습니다.
―딱―

다섯 개에 세 개……

그만하면 되었다.
내일 시험,
다섯 문제에 세 문제만 하면—
손꼽아 구구를 하여 봐도
허양** 육십 점이다.
볼 거 있나 공 차러 가자.

그 이튿날 만돌이는
꼼짝 못하고 선생님한테
흰 종이를 바쳤을까요?
그렇잖으면 정말
육십 점을 맞았을까요?

*돌재기 : 자갈.
**허양 : 거뜬히.

무얼 먹고 사나

바닷가 사람
물고기 잡아 먹고 살고

산골엣 사람
감자 구워 먹고 살고

별나라 사람
무얼 먹고 사나.

조개껍질
　-바닷물 소리 듣고 싶어

아롱아롱 조개껍데기
울 언니 바닷가에서
주워 온 조개껍데기

여긴여긴 북쪽 나라요
조개는 귀여운 선물
장난감 조개껍데기

대굴대굴 굴리며 놀다
짝 잃은 조개껍데기
한 짝을 그리워하네

아롱아롱 조개껍데기
나처럼 그리워하네
물소리 바닷물 소리

기왓장 내외

비오는날 저녁에 기왓장내외
잃어버린 외아들 생각나선지
꼬부라진 잔등을 어루만지며
쭈룩쭈룩 구슬피 울음웁니다.

대궐지붕 위에서 기왓장내외
아름답던 옛날이 그리워선지
주름잡힌 얼굴을 어루만지며
물끄러미 하늘만 쳐다봅니다.

햇비

아씨처럼 내린다
보슬보슬 햇비
맞아 주자, 다 같이
  옥수숫대처럼 크게
  닷 자 엿 자 자라게
  해님이 웃는다
  나 보고 웃는다.

하늘다리 놓였다
알롱달롱 무지개
노래하자, 즐겁게
  동무들아 이리 오나
  다 같이 춤을 추자
  해님이 웃는다
  즐거워 웃는다.

병아리

"뾰, 뾰, 뾰
엄마 젖 좀 주"
병아리 소리.

"꺽, 꺽, 꺽
오냐, 좀 기다려"
엄마닭 소리.

좀 있다가
병아리들은
엄마 품으로
다 들어갔지요.

닭

―닭은 나래가 커도
　　　왜, 날잖나요
―아마 두엄 파기에
　　　홀, 잊었나 봐.

비행기

머리에 프로펠러가
연잣간 풍차보다
더— 빨리 돈다.

땅에서 오를 때보다
하늘에 높이 떠서는
빠르지 못하다
숨결이 찬 모양이야.

비행기는—
새처럼 나래를
펄럭거리지 못한다
그리고 늘—
소리를 지른다
숨이 찬가 봐.

둘 다

바다도 푸르고
하늘도 푸르고

바다도 끝없고
하늘도 끝없고

바다에 돌 던지고
하늘에 침 뱉고

바다는 벙글
하늘은 잠잠.

봄

우리 아기는
아래 발치에서 코올코올

고양이는
부뚜막에서 가릉가릉

아기바람이
나뭇가지에 소올소올

아저씨 해님이
하늘 한가운데서 째앵째앵.

나무

나무가 춤을 추면
 바람이 불고,
나무가 잠잠하면
 바람도 자요.

개

눈 위에서
개가
꽃을 그리며
뛰어요.

눈

눈이
새하얗게 와서
눈이
새물새물해요.

사과

붉은 사과 한 개를
아버지 어머니
누나, 나, 넷이서
껍질째로 송치*까지
다— 나눠 먹었어요.

*송치 : 속.

할아버지

왜 떡이 쓴데도
자꾸 달다고 해요.

눈

지난 밤에
눈이 소–복이 왔네
지붕이랑
길이랑 밭이랑
추워한다고
덮어 주는 이불인가 봐

그러기에
추운 겨울에만 내리지

# 겨울

처마 밑에
시래기 다래미*
바삭바삭
추워요.

길바닥에
말똥 동그래미
달랑달랑
얼어요.

*다래미 : 두름.

호주머니

넣을 것 없어
걱정이던
호주머니는,

겨울만 되면
주먹 두 개 갑북갑북.

제3부

흐르는 거리

산골 물

괴로운 사람아 괴로운 사람아
옷자락 물결 속에서도
가슴속 깊이 돌돌 샘물이 흘러
이 밤을 더불어 말할 이 없도다.
거리의 소음과 노래 부를 수 없도다.
그신 듯이* 냇가에 앉았으니
사랑과 일을 거리에 맡기고
가만히 가만히
바다로 가자.
바다로 가자.

*그신 듯이 : 끌린 듯이.

거리에서

달밤의 거리
광풍이 휘날리는
북국의 거리
도시의 진주
전등 밑을 헤엄치는
쪼그만 인어 나.
달과 전등에 비쳐
한 몸에 둘셋의 그림자,
커졌다 작아졌다.

괴롬의 거리
회색빛 밤거리를
걷고 있는 이 마음,
선풍이 일고 있네.
외로우면서도
한 갈피 두 갈피
피어나는 마음의 그림자,

푸른 공상(空想)이
높아졌다 낮아졌다.

공상

공상—
내 마음의 탑
나는 말없이 이 탑을 쌓고 있다.
명예와 허영의 천공(天空)에다
무너질 줄도 모르고
한 층 두 층 높이 쌓는다.

무한한 나의 공상—
그것은 내 마음의 바다.
나는 두 팔을 펼쳐서
나의 바다에서
자유로이 헤엄친다.
황금, 지욕(知慾)의 수평선을 향하여.

남쪽 하늘

제비는 두 나래를 가지었다.
스산한 가을날—

어머니의 젖가슴이 그리운
서리 내리는 저녁—
어린 영(靈)은 쪽나래의 향수를 타고
남쪽 하늘에 떠돌 뿐—

비둘기

안아 보고 싶게 귀여운
산비둘기 일곱 마리
하늘 끝까지 보일 듯이 맑은 주일날 아침에
벼를 거두어 빼뺀한* 논에서
앞을 다투어 요**를 주으며
어려운 이야기를 주고받으오.

날씬한 두 나래로 조용한 공기를 흔들어
두 마리가 나오.
집의 새끼 생각이 나는 모양이오.

*빼뺀한 : 빤빤한. 울퉁불퉁한 데가 없이 고르고 반듯한.
**요 : 모이

이별

눈이 오다, 물이 되는 날
잿빛 하늘에 또 뿌연 내, 그리고,
커다란 기관차는 빼- 액- 울며,
쪼그만 가슴은 울렁거린다.

이별이 너무 재빠르다, 안타깝게도,
사랑하는 사람을,
일터에서 만나자 하고—
더운 손의 맛과, 구슬 눈물이 마르기 전
기차는 꼬리를 산굽으로 돌렸다.

꿈은 깨어지고

꿈은 눈을 떴다,
그윽한 유무(幽霧)에서.

노래하던 종다리,
도망쳐 날아 나고.

지난날 봄 타령 하던
금잔디밭은 아니다.

탑은 무너졌다,
붉은 마음의 탑이—

손톱으로 새긴 대리석 탑이—
하루 저녁 폭풍에 여지없이도,

오— 황폐의 쑥밭,
눈물과 목메임이여!

꿈은 깨어졌다,
탑은 무너졌다.

황혼

햇살은 미닫이 틈으로
길쭉한 일 자(一字)를 쓰고…… 지우고……

까마귀 떼 지붕 위로
둘, 둘, 셋, 넷, 자꾸 날아 지난다.
쑥쑥, 꿈틀꿈틀 북쪽 하늘로,

내사……
북쪽 하늘에 나래를 펴고 싶다.

닭

한 칸 계사 그 너머 창공이 깃들어
자유의 향토를 잊은 닭들이
시든 생활을 주절대고,
생산의 고로(苦勞)를 부르짖었다.

음산한 계사에서 쏠려 나온
외래종 레그혼,
학원(學園)에서 새 무리가 밀려 나오는
삼월의 맑은 오후도 있다.

닭들은 녹아드는 두엄을 파기에
아담한 두 다리가 분주하고
굶주렸던 주두리가 바지런하다.
두 눈이 붉게 여물도록—

산상(山上)

거리가 바둑판처럼 보이고,
강물이 배암이 새끼처럼 기는
산 위에까지 왔다.
아직쯤은 사람들이
바둑돌처럼 벌여 있으리라.

한나절의 태양이
함석 지붕에만 비치고,
굼벵이 걸음을 하던 기차가
정거장에 섰다가 검은 내를 토하고
또, 걸음발을 탄다.

텐트 같은 하늘이 무너져
이 거리를 덮을까 궁금하면서
좀 더 높은 데로 올라가고 싶다.

오후의 구장(球場)

늦은 봄 기다리던
토요일 날,
오후 세시 반의 경성(京城)행 열차는
석탄 연기를 자욱이 풍기고
소리치고 지나가고,

한 몸을 끌기에 강하던
공이 자력(磁力)을 잃고
한 모금의 물이
불붙는 목을 축이기에
넉넉하다.
젊은 가슴의 피 순환이 잦고,
두 철각(鐵脚)이 늘어진다.

검은 기차 연기와 함께
푸른 산이
아지랑이 저쪽으로
가라앉는다.

양지쪽

저쪽으로 황토 실은 이 땅 봄바람이
호인(胡人)의 물레바퀴처럼 돌아 지나고,
아롱진 사월 태양의 손길이
벽을 등진 설운 가슴마다 올올이 만진다.

지도째기 놀음에 뉘 땅인 줄 모르는 애 둘이
한 뼘 손가락이 짧음을 한(恨)함이여.

아서라! 가뜩이나 엷은 평화가
깨어질까 근심스럽다.

고추밭

시든 잎새 속에서
고 빨-간 살을 드러내놓고,
고추는 방년(芳年) 된 아가씬 양
땍볕에 자꾸 익어간다.

할머니는 바구니를 들고
밭머리에서 어정거리고
손가락 너어는 아이는
할머니 뒤만 따른다.

아침

휙, 휙, 휙 소꼬리가 부드러운 채찍질로 어둠을 쫓아,
캄, 캄, 캄, 어둠이 깊다 깊다 밝으오.

이제 이 동리의 아침이
풀살 오른 소 엉덩이처럼 기름지오.
이 동리 콩죽 먹는 사람들이
땀물을 뿌려 이 여름을 자래웠소.*

잎, 잎, 풀잎마다 땀방울이 맺혔소.
여보! 여보! 이 모-든 것을 아오.

이 아침을
심호흡하오 또 하오.

*자래웠소 : 길렀소.

비 뒤

"어— 얼마나 반가운 비냐."
할아버지의 즐거움.

가물 들었던 곡식 자라는 소리
할아버지 담배 빠는 소리와 같다.

비 뒤의 햇살은
풀잎에 아름답기도 하다.

곡간(谷間)

산들이 두 줄로 줄달음질 치고
여울이 소리쳐 목이 잦았다.
한여름의 해님이 구름을 타고
이 골짜기를 빠르게도 건너련다.

산등아리*에 송아지 뿔처럼
울뚝불뚝히 어린 바위가 솟고,
얼룩소의 보드라운 털이
산등서리*에 퍼-렇게 자랐다.

삼 년만에 고향 찾아드는
산골 나그네의 발걸음이
타박타박 땅을 고눈다.**
벌거숭이 두루미 다리같이……

헌 신짝이 지팡이 끝에
모가지를 매달아 늘어지고,

까치가 새끼의 날발을 태우려*** 날 뿐,
골짝은 나그네의 마음처럼 고요하다.

*산등아리, 산등서리 : 산등. 산등성이.
**고눈다 : 발굽을 세워 디딘다.
***날발을 태우려 : 날기 연습을 시키려.

유언

훤한 방에
유언은 소리 없는 입놀림.

―바다에 진주 캐러 갔다는 아들
  해녀와 사랑을 속삭인다는 맏아들
  이 밤에사 돌아오나 내다봐라―

평생 외롭던 아버지의 운명(殞命)
감기우는 눈에 슬픔이 어린다.

외딴집에 개가 짖고
휘양찬 달이 문살에 흐르는 밤.

비로봉

만상을
굽어보기란—

무릎이
오들오들 떨린다.

백화(白樺)
어려서 늙었다.

새가
나비가 된다

정말 구름이
비가 된다.

옷자락이
춥다.

명상

가즐가즐한* 머리칼은 오막살이 처마 끝,
쉬파람**에 콧마루가 서운한 양 간질키오.

들창 같은 눈은 가볍게 닫혀,
이 밤에 연정은 어둠처럼 골골이 스며드오.

*가즐가즐한 : 가칠가칠한. 윤기가 없고 거친.
**쉬파람 : 휘파람.

달같이

연륜이 자라듯이
달이 자라는 고요한 밤에
달같이 외로운 사랑이
가슴 하나 뻐근히
연륜처럼 피어나간다.

이적

발에 터분한 것을 다 빼어 버리고
황혼이 호수 위로 걸어오듯이
나도 사뿐사뿐 걸어 보리이까?

내사 이 호숫가로
부르는 이 없이
불리어 온 것은
참말 이적(異蹟)이외다.

오늘따라
연정, 자홀(自惚), 시기, 이것들이
자꾸 금메달처럼 만져지는구려.

하나, 내 모든 것을 여념 없이
물결에 써서 보내려니
당신은 호면(湖面)으로 나를 불러내소서.

흐르는 거리

으스름히 안개가 흐른다. 거리가 흘러간다.

저 전차, 자동차, 모든 바퀴가 어디로 흘리워 가는 것일까? 정박할 아무 항구도 없이, 가련한 많은 사람들을 싣고서, 안개 속에 잠긴 거리는,

거리 모퉁이 붉은 포스트 상자를 붙잡고 섰을라면 모든 것이 흐르는 속에 어렴풋이 빛나는 가로등, 꺼지지 않는 것은 무슨 상징일까? 사랑하는 동무 박이여! 그리고 김이여! 자네들은 지금 어디 있는가? 끝없이 안개가 흐르는데,

"새로운 날 아침 우리 다시 정답게 손목을 잡아보세" 몇 자 적어 포스트 속에 떨어트리고, 밤을 새워 기다리면 금 휘장에 금단추를 삐였고* 거인처럼 찬란히 나타나는 배달부, 아침과 함께 즐거운 내림(來臨),

이 밤을 하염없이 안개가 흐른다.

*삐였고 : 끼웠고.

제4부

또 다른 고향

돌아와 보는 밤

　세상으로부터 돌아오듯이 이제 내 좁은 방에 돌아와 불을 끄옵니다. 불을 켜 두는 것은 너무나 피로롭은* 일이옵니다. 그것은 낮의 연장이옵기에—

　이제 창을 열어 공기를 바꾸어 들여야 할 텐데 밖을 가만히 내다보아야 방 안과 같이 어두워 꼭 세상 같은데 비를 맞고 오던 길이 그대로 빗속에 젖어 있사옵니다.

　하루의 울분을 씻을 바 없어 가만히 눈을 감으면 마음속으로 흐르는 소리, 이제, 사상이 능금처럼 저절로 익어 가옵니다.

*피로롭은 : 문맥상 '피로한' 또는 '피로한 듯한'의 뜻으로 쓰인 말.

태초의 아침

봄날 아침도 아니고
여름, 가을, 겨울,
그런 날 아침도 아닌 아침에

빨-간 꽃이 피어났네,
햇빛이 푸르데,

그 전날 밤에
그 전날 밤에
모든 것이 마련되었네,

사랑은 뱀과 함께
독은 어린 꽃과 함께

또 태초의 아침

하얗게 눈이 덮이었고
전신주가 잉잉 울어
하나님 말씀이 들려온다.

무슨 계시일까.

빨리
봄이 오면
죄를 짓고
눈이
밝아

이브가 해산하는 수고를 다하면

무화과 잎사귀로 부끄런 데를 가리고

나는 이마에 땀을 흘려야겠다.

새벽이 올 때까지

다들 죽어가는 사람들에게
검은 옷을 입히시오.

다들 살아가는 사람들에게
흰 옷을 입히시오.

그리고 한 침대에
가지런히 잠을 재우시오.

다들 울거들랑
젖을 먹이시오.

이제 새벽이 오면
나팔 소리 들려올 게외다.

무서운 시간

거 나를 부르는 것이 누구요,

가랑잎 이파리 푸르러 나오는 그늘인데,
나 아직 여기 호흡이 남아 있소.

한 번도 손들어 보지 못한 나를
손들어 표할 하늘도 없는 나를

어디에 내 한 몸 둘 하늘이 있어
나를 부르는 것이오.

일을 마치고 내 죽는 날 아침에는
서럽지도 않은 가랑잎이 떨어질 텐데……

나를 부르지 마오.

십자가

쫓아오던 햇빛인데
지금 교회당 꼭대기
십자가에 걸리었습니다.

첨탑이 저렇게도 높은데
어떻게 올라갈 수 있을까요.

종소리도 들려오지 않는데
휘파람이나 불며 서성거리다가,

괴로웠던 사나이,
행복한 예수 그리스도에게
처럼
십자가가 허락된다면

모가지를 드리우고
꽃처럼 피어나는 피를

어두워 가는 하늘 밑에
조용히 흘리겠습니다.

삶과 죽음

삶은 오늘도 죽음의 서곡을 노래하였다.
이 노래가 언제나 끝나랴

세상 사람은—
뼈를 녹여 내는 듯한 삶의 노래에
춤을 춘다.
사람들은 해가 넘어가기 전
이 노래 끝의 공포를
생각할 사이가 없었다.

하늘 복판에 아로새기듯이
이 노래를 부른 자가 누구뇨

그리고 소낙비 그친 뒤같이도
이 노래를 그친 자가 누구뇨

죽고 뼈만 남은
죽음의 승리자 위인들!

간

바닷가 햇빛 바른 바위 위에
습한 간을 펴서 말리우자,

코카서스 산중에서 도망해 온 토끼처럼
둘러리를 빙빙 돌며 간을 지키자,

내가 오래 기르던 여윈 독수리야!
와서 뜯어먹어라, 시름없이

너는 살찌고
나는 여위어야지, 그러나,

거북이야!
다시는 용궁의 유혹에 안 떨어진다.

프로메테우스 불쌍한 프로메테우스
불 도적한 죄로 목에 맷돌을 달고
끝없이 침전하는 프로메테우스.

봄

봄이 혈관 속에 시내처럼 흘러
돌, 돌, 시내 가까운 언덕에
진달래, 개나리, 노-란 배추꽃,

삼동을 참아 온 나는
풀포기처럼 피어난다.

즐거운 종달새야
어느 이랑에서나 즐거웁게 솟쳐라.

푸르른 하늘은
아른, 아른, 높기도 한데……

그 여자

함께 핀 꽃에 처음 익은 능금은
먼저 떨어졌습니다.

오늘도 가을바람은 그냥 붑니다.

길가에 떨어진 붉은 능금은
지나던 손님이 집어 갔습니다.

사랑의 전당

순아 너는 내 전(殿)에 언제 들어왔던 것이냐?
내사 언제 네 전에 들어갔던 것이냐?

우리들의 전당은
고풍한 풍습이 어린 사랑의 전당

순아 암사슴처럼 수정 눈을 내리감아라.
난 사자처럼 엉클린 머리를 고르련다.

우리들의 사랑은 한낱 벙어리였다.

청춘!
성스런 촛대에 열(熱)한 불이 꺼지기 전
순아 너는 앞문으로 내달려라.

어둠과 바람이 우리 창에 부닥치기 전
나는 영원한 사랑을 안은 채

뒷문으로 멀리 사라지련다.

이제
네게는 삼림 속의 아늑한 호수가 있고,
내게는 준험한 산맥이 있다.

소낙비

번개, 뇌성, 왁자지근 뚜드려
머언 도회지에 낙뢰가 있어만 싶다.

벼룻장 엎어 논 하늘로
살 같은 비가 살처럼 쏟아진다.

손바닥만 한 나의 정원이
마음같이 흐린 호수 되기 일쑤다.

바람이 팽이처럼 돈다.
나무가 머리를 이루 잡지 못한다.

내 경건한 마음을 모셔 들여
노아 때 하늘을 한 모금 마시다.

팔복(八福)
   - 마태복음 5장 3~12

슬퍼하는 자는 복이 있나니
슬퍼하는 자는 복이 있나니
슬퍼하는 자는 복이 있나니
슬퍼하는 자는 복이 있나니
슬퍼하는 자는 복이 있나니
슬퍼하는 자는 복이 있나니
슬퍼하는 자는 복이 있나니
슬퍼하는 자는 복이 있나니

저희가 영원히 슬플 것이오.

흰 그림자

황혼이 짙어지는 길모금*에서
하루 종일 시든 귀를 가만히 기울이면
땅거미 옮겨지는 발자취 소리,

발자취 소리를 들을 수 있도록
나는 총명했던가요.

이제 어리석게도 모든 것을 깨달은 다음
오래 마음 깊은 속에
괴로워하던 수많은 나를
하나, 둘 제 고장으로 돌려보내면
거리 모퉁이 어둠 속으로
소리 없이 사라지는 흰 그림자,

흰 그림자들
연연히 사랑하던 흰 그림자들,

내 모든 것을 돌려보낸 뒤
허전히 뒷골목을 돌아
황혼처럼 물드는 내 방으로 돌아오면

신념이 깊은 의젓한 양처럼
하루 종일 시름없이 풀포기나 뜯자.

*길모금 : 길목.

사랑스런 추억

봄이 오던 아침, 서울 어느 쪼그만 정거장에서
희망과 사랑처럼 기차를 기다려,

나는 플랫폼에 간신한* 그림자를 떨어뜨리고,
담배를 피웠다.

내 그림자는 담배 연기 그림자를 날리고,
비둘기 한 떼가 부끄러울 것도 없이
나래 속을 속, 속, 햇빛에 비춰, 날았다.

기차는 아무 새로운 소식도 없이
나를 멀리 실어다 주어,

봄은 다 가고— 동경 교외 어느 조용한 하숙방에서, 옛 거리에 남은 나를 희망과 사랑처럼 그리워한다.

오늘도 기차는 몇 번이나 무의미하게 지나가고,

오늘도 나는 누구를 기다려 정거장 가까운
언덕에서 서성거릴 게다.

―아아 젊음은 오래 거기 남아 있거라.

*간신한 : 힘들고 고생스러운.

쉽게 씌어진 시

창밖에 밤비가 속살거려
육첩방*은 남의 나라,

시인이란 슬픈 천명인 줄 알면서도
한 줄 시를 적어 볼까,

땀내와 사랑내 포근히 품긴
보내 주신 학비 봉투를 받아

대학 노-트를 끼고
늙은 교수의 강의 들으러 간다.

생각해 보면 어린 때 동무를
하나, 둘, 죄다 잃어버리고

나는 무얼 바라
나는 다만, 홀로 침전하는 것일까?

인생은 살기 어렵다는데
시가 이렇게 쉽게 씌어지는 것은
부끄러운 일이다.

육첩방은 남의 나라
창밖에 밤비가 속살거리는데,

등불을 밝혀 어둠을 조금 내몰고,
시대처럼 올 아침을 기다리는 최후의 나,

나는 나에게 작은 손을 내밀어
눈물과 위안으로 잡는 최초의 악수.

*육첩방 : 일본식 돗자리인 '다다미' 여섯 장짜리 방.

또 다른 고향

고향에 돌아온 날 밤에
내 백골이 따라와 한방에 누웠다.

어둔 방은 우주로 통하고
하늘에선가 소리처럼 바람이 불어온다.

어둠 속에서 곱게 풍화 작용 하는
백골을 들여다보며
눈물짓는 것이 내가 우는 것이냐
백골이 우는 것이냐
아름다운 혼이 우는 것이냐

지조 높은 개는
밤을 새워 어둠을 짖는다.

어둠을 짖는 개는
나를 쫓는 것일 게다.

가자 가자
쫓기우는 사람처럼 가자
백골 몰래
아름다운 또 다른 고향에 가자.

제5부
달을 쏘다(산문)

달을 쏘다

 번거롭던 사위가 잠잠해지고 시계 소리가 또렷하나 보니 밤은 적이 깊을 대로 깊은 모양이다. 보던 책자를 책상머리에 밀어 놓고 잠자리를 수습한 다음 잠옷을 걸치는 것이다. '딱' 스위치 소리와 함께 전등을 끄고 창 옆의 침대에 드러누우니 이때까지 밖은 휘양찬 달밤이었던 것을 감각치 못하였댔다. 이것도 밝은 전등의 혜택이었을까.

 나의 누추한 방이 달빛에 잠겨 아름다운 그림이 된다는 것보다도 오히려 슬픈 선창이 되는 것이다. 창살이 이마로부터 콧마루, 입술 이렇게 하여 가슴에 여민 손등에까지 어른거려 나의 마음을 간질이는 것이다. 옆에 누운 분의 숨소리에 방은 무시무시해진다. 아이처럼 황황해지는 가슴에 눈을 치떠서 밖을 내다보니 가을 하늘은 역시 맑고 우거진 송림은 한 폭의 묵화다. 달빛은 솔가지에 솔가지에 쏟아져 바람인 양 쏴— 소리가 날 듯하다. 들리는 것은 시계 소리와 숨소리와 귀뚜라미 울음뿐 벅쩍고던 기숙사도 절간보다 더 한층 고요한 것이 아니냐?

 나는 깊은 사념에 잠기우기 한창이다. 딴은 사랑스런 아가씨를 사유(私有)할 수 있는 아름다운 상화(想華)도 좋고, 어릴 적 미련을 두고 온 고향에의 향수도 좋거니와 그보다 손쉽게 표현 못

할 심각한 그 무엇이 있다.

바다를 건너온 H군(君)의 편지 사연을 곰곰 생각할수록 사람과 사람 사이의 감정이란 미묘한 것이다. 감상적인 그에게도 필연코 가을은 왔나 보다.

편지는 너무나 지나치지 않았던가. 그 중 한 토막.

"규아! 나는 지금 울며 울며 이 글을 쓴다. 이 밤노 날이 뜨고, 바람이 불고, 인간인 까닭에 가을이란 흙냄새도 안다. 정의 눈물, 따뜻한 예술 학도였던 정의 눈물도 이 밤이 마지막이다."

또 마지막 편으로 이런 구절이 있다.

"당신은 나를 영원히 쫓아버리는 것이 정직할 것이오."

나는 이 글의 뉘앙스를 해득할 수 있다. 그러나 사실 나는 그에게 아픈 소리 한마디 한 일이 없고 설운 글 한 쪽 보낸 일이 없지 아니한가. 생각건대 이 죄는 다만 가을에게 지워 보낼 수밖에 없다.

홍안서생(紅顔書生)으로 이런 단안을 내리는 것은 외람한 일이나 동무란 한낱 괴로운 존재요 우정이란 진정코 위태로운 잔에 떠 놓은 물이다. 이 말을 반대할 자 누구랴. 그러나 지기 하나 얻기 힘든다 하거늘 알뜰한 동무 하나 잃어버린다는 것이 살을 베어 내는 아픔이다.

  나는 나를 정원에서 발견하고 창을 넘어 나왔다든가 방문을 열고 나왔다든가 왜 나왔느냐 하는 어리석은 생각에 두뇌를 괴롭게 할 필요는 없는 것이다. 다만 귀뚜라미 울음에도 수줍어지는 코스모스 앞에 그윽이 서서 닥터 빌링스의 동상 그림자처럼 슬퍼지면 그만이다. 나는 이 마음을 아무에게나 전가시킬 심보는 없다. 옷깃은 민감이어서 달빛에도 싸늘히 추워지고 가을 이슬이란 선득선득하여서 설운 사나이의 눈물인 것이다.

  발걸음은 몸뚱이를 옮겨 못가에 세워줄 때, 못 속에도 역시 가을이 있고, 삼경(三更)이 있고, 나무가 있고, 달이 있다.

  그 찰나 가을이 원망스럽고 달이 미워진다. 더듬어 돌을 찾아 달을 향하여 죽어라고 팔매질을 하였다. 통쾌! 달은 산산이 부서지고 말았다. 그러나 놀랐던 물결이 잦아들 때 오래잖아 달은 도로 살아난 것이 아니냐. 문득 하늘을 쳐다보니 얄미운 달은 머리 위에서 빈정대는 것을—.

  나는 꼿꼿한 나뭇가지를 고누어 띠를 째서 줄을 메워 훌륭한 활을 만들었다. 그리고 좀 탄탄한 갈대로 화살을 삼아 무사의 마음을 먹고 달을 쏘다.

별똥 떨어진 데

밤이다.

하늘은 푸르다 못해 농회색으로 캄캄하나 별들만은 또렷또렷 빛난다. 침침한 어둠뿐만 아니라 오삭오삭 춥다. 이 육중한 기류 가운데 자조하는 한 젊은이가 있다. 그를 나라고 불러 두자.

나는 이 어둠에서 배태되고 이 어둠에서 생장하여서 아직도 이 어둠 속에 그대로 생존하나 보다. 이제 내가 갈 곳이 어딘지 몰라 허우적거리는 것이다. 하기는 나는 세기의 초점인 듯 초췌하다. 얼핏 생각하기에는 내 바닥을 반듯이 받들어 주는 것도 없고 그렇다고 내 머리를 갑박이 내려 누르는 아무것도 없는 듯 하다마는 내막은 그렇지도 않다. 나는 도무지 자유스럽지 못하다. 다만 나는 없는 듯 있는 하루살이처럼 허공에 부유하는 한 점에 지나지 않는다. 이것이 하루살이처럼 경쾌하다면 마침 다행할 것인데 그렇지를 못하구나!

이 점의 대칭 위치에 또 하나 다른 밝음의 초점이 도사리고 있는 듯 생각된다. 덥석 움키었으면 잡힐 듯도 하다.

마는 그것을 휘잡기에는 나 자신이 둔질(鈍質)이라는 것보다 오히려 내 마음에 아무런 준비도 배포치 못한 것이 아니냐. 그러고 보니 행복이란 별스런 손님을 불러들이기에도 또 다른 한

가닥 구실을 치르지 않으면 안 될까 보다.

이 밤이 나에게 있어 어릴 적처럼 한낱 공포의 장막인 것은 벌써 흘러간 전설이요. 따라서 이 밤이 향락의 도가니라는 이야기도 나의 염두에선 아직 소화시키지 못할 돌덩이다. 오로지 밤은 나의 도전의 호적(好敵)이면 그만이다.

이것이 생생한 관념 세계에만 머무른다면 애석한 일이다. 어둠 속에 깜박깜박 조을며 다닥다닥 나란히 한 초가들이 아름다운 시의 화사(華詞)가 될 수 있다는 것은 벌써 지나간 세대의 이야기요. 오늘에 있어서는 다만 말 못하는 비극의 배경이다.

이제 닭이 홰를 치면서 맵짠 울음을 뽑아 밤을 쫓고 어둠을 짓내몰아 동쪽으로 흰-히 새벽이란 새로운 손님을 불러온다 하자. 하나 경망스럽게 그리 반가워할 것은 없다. 보아라, 가령 새벽이 왔다 하더라도 이 마을은 그대로 암담하고 나도 그대로 암담하고 하여서 너나 나나 이 가랑지길에서 주저주저 아니치 못할 존재들이 아니냐.

나무가 있다.

그는 나의 오랜 이웃이요, 벗이다. 그렇다고 그와 내가 성격이나 환경이나 생활이 공통한 데 있어서가 아니다. 말하자면 극

단과 극단 사이에도 애정이 관통할 수 있다는 기적적인 교분의 한 표본에 지나지 못할 것이다.

나는 처음 그를 퍽 불행한 존재로 가소롭게 여겼다. 그의 앞에 설 때 슬퍼지고 측은한 마음이 앞을 가리곤 하였다. 마는 오늘 돌이켜 생각건대 나무처럼 행복한 생물은 다시없을 듯하다. 굳음에는 이루 비길 데 없는 바위에도 그리 탑탁지는 못할망정 자양분이 있다 하거늘 어디로 간들 생의 뿌리를 박지 못하며 어디로 간들 생활의 불평이 있을소냐. 칙칙하면 솔솔 솔바람이 불어오고, 심심하면 새가 와서 노래를 부르다 가고, 촐촐하면 한 줄기 비가 오고, 밤이면 수많은 별들과 오손도손 이야기할 수 있고— 보다 나무는 행동의 방향이란 거추장스런 과제에 봉착하지 않고 인위적으로든 우연으로써든 탄생시켜 준 자리를 지켜 무진무궁한 영양소를 흡취하고 영롱한 햇빛을 받아들여 손쉽게 생활을 영위하고 오로지 하늘만 바라고 뻗어질 수 있는 것이 무엇보다 행복스럽지 않으냐.

이 밤도 과제를 풀지 못하여 안타까운 나의 마음에 나무의 마음이 점점 옮아오는 듯하고, 행동할 수 있는 자랑을 자랑치 못함에 뼈저리는 듯하나 나의 젊은 선배의 웅변이 왈 선배도 믿지 못할 것이라니 그러면 영리한 나무에게 나의 방향을 물어야 할 것인가.

 어디로 가야 하느냐. 동이 어디냐, 서가 어디냐, 남이 어디냐, 북이 어디냐. 아라! 저 별이 번쩍 흐른다. 별똥 떨어진 데가 내가 갈 곳인가 보다. 하면 별똥아! 꼭 떨어져야 할 곳에 떨어져야 한다.

화원에 꽃이 핀다

 개나리, 진달래, 앉은뱅이, 라일락, 민들레, 찔레, 복사, 들장미, 해당화, 모란, 릴리, 창포, 튤립, 카네이션, 봉선화, 백일홍, 채송화, 달리아, 해바라기, 코스모스, ―코스모스가 홀홀히 떨어지는 날 우주의 마지막은 아닙니다. 여기에 푸른 하늘이 높아지고, 빨간, 노란 단풍이 꽃에 못지않게 가지마다 물들었다가 귀또리 울음이 끊어짐과 함께 단풍의 세계가 무너지고 그 위에 하룻밤 사이에 소복히 흰 눈이 내려, 내려 쌓이고 화로에는 빨간 숯불이 피어오르고 많은 이야기와 많은 일이 이 화롯가에서 이루어집니다.

 독자 제현! 여러분은 이 글이 씌어지는 때를 독특한 계절로 짐작해서는 아니 됩니다. 아니, 봄, 여름, 가을, 겨울, 어느 철로나 상정하셔도 무방합니다. 사실 일 년 내내 봄일 수는 없습니다. 하나 이 화원에는 사철내 봄이 청춘들과 함께 싱싱하게 등대하여 있다고 하면 과분한 자기 선전일까요. 하나의 꽃밭이 이루어지도록 손쉽게 되는 것이 아니라 고생과 노력이 있어야 하는 것입니다. 딴은 얼마의 단어를 모아 이 졸문을 지저거리는 데도 내 머리는 그렇게 명석한 것은 못 됩니다. 한 해 동안을 내 두뇌로써가 아니라 몸으로써 일일이 헤아려 세포 사이마다 간직해 두어서야 겨우 몇 줄의 글이 이루어집니다. 그리하여 나에게 있어 글을 쓴다는 것이 그리 즐거운 일일 수는 없습니다. 봄바람의 고민에 짜들고, 녹음의 권태에 시들고, 가을 하늘 감상에 울고, 노변의 사색에 졸다가 이 몇 줄의 글과 나의 화원과 함께 나의 일 년은 이루어집니다.

시간을 먹는다는(이 말의 의의와 이 말의 묘미는 칠판 앞에 서 보신 분과 칠판 밑에 앉아 보신 분은 누구나 아실 것입니다) 그것은 확실히 즐거운 일임에 틀림없습니다. 하루를 휴강한다는 것보다(하긴 슬그머니 까먹어 버리면 그만이지만) 다만 한 시간, 예습, 숙제를 못해 왔다든가, 따분하고 졸리고 한 때, 한 시간의 휴강은 진실로 살로 가는 것이어서, 만일 교수가 불편하여 못 나오셨다고 하더라도 미처 우리들의 예의를 갖출 사이가 없는 것입니다.

그러나 이것을 우리들의 망발과 시간의 낭비라고 속단하셔서 아니 됩니다. 여기에 화원이 있습니다.

한 포기 푸른 풀과 한 떨기의 붉은 꽃과 함께 웃음이 있습니다. 노-트장을 적시는 것보다, 한우충동에 묻혀 글줄과 씨름하는 것보다, 더 명확한 진리를 탐구할 수 있을는지, 보다 더 많은 지식을 획득할 수 있을는지, 보다 더 효과적인 성과가 있을지를 누가 부인하겠습니까.

나는 이 귀한 시간을 슬그머니 동무들을 떠나서 단 혼자 화원에 거닐 수 있습니다. 단 혼자 꽃들과 풀들과 이야기할 수 있다는 것이 얼마나 다행한 일이겠습니까. 참말 나는 온정으로 이들을 대할 수 있고 그들은 웃음으로 나를 맞아 줍니다. 그 웃음을 눈물로 대한다는 것은 나의 감상일까요. 고독, 정적도 확실히 아름다운 것임에 틀림이 없으나, 여기에 또 서로 마음을 주는 동무가 있는 것도 다행한 일이 아닐 수 없습니다. 우리 화원 속에 모인 동무들 중에, 집에 학비를 청구하는 편지를 쓰는 날 저녁이면 생각하고 생각하던 끝 겨우 몇 줄 써 보낸다는 A군, 기뻐해야 할 서류(통칭 월급 봉투)를 받아 든 손이 떨린다는 B군, 사랑을 위하여서는 밥맛을 잃고 잠을 잊어버린다는 C군, 사상적 당착에 자살을 기약한다는 D군…… 나는 이 여러 동무들의 갸륵한 심정을 내 것인 것처럼 이해할 수 있습니다. 서로 너그러운 마음으로 대할 수 있습니다.

 나는 세계관, 인생관, 이런 좀 더 큰 문제보다 바람과 구름과 햇빛과 나무와 우정, 이런 것들에 더 많이 괴로워해 왔는지도 모르겠습니다. 단지 이 말이 나의 역설이나, 나 자신을 흐리우는 데 지날 뿐일까요.

일반은 현대 학생 도덕이 부패했다고 말합니다. 스승을 섬길 줄을 모른다고들 합니다. 옳은 말씀들입니다. 부끄러울 따름입니다. 하나 이 결함을 괴로워하는 우리들 어깨에 지워 광야로 내쫓아 버려야 하나요. 우리들의 아픈 데를 알아주는 스승, 우리들의 생채기를 어루만져 주는 따뜻한 세계가 있다면 박탈된 도덕일지언정 기울여 스승을 진심으로 존경하겠습니다. 온정의 거리에서 원수를 만나면 손목을 붙잡고 목 놓아 울겠습니다.

세상은 해를 거듭, 포성에 떠들썩하건만 극히 조용한 가운데 우리들 동산에서 서로 융합할 수 있고, 이해할 수 있고, 종전의 (   )*가 있는 것은 시세의 역효과일까요.

봄이 가고, 여름이 가고, 가을, 코스모스가 훌훌히 떨어지는 날 우주의 마지막은 아닙니다. 단풍의 세계가 있고,―이상이견빙지(履霜而堅氷至)―서리를 밟거든 얼음이 굳어질 것을 각오하라―가 아니라 우리는 서릿발에 끼친 낙엽을 밟으면서 멀리 봄이 올 것을 믿습니다.

노변에서 많은 일이 이루어질 것입니다.

*원고에는 (   ) 부분이 비어 있다.

종시(終始)

종점(終点)이 시점(始点)이 된다. 다시 시점이 종점이 된다.

아침저녁으로 이 자국을 밟게 되는데 이 자국을 밟게 된 연유가 있다. 일찍이 서산 대사가 살았을 듯한 우거진 송림 속, 게다가 덩그러니 살림집은 외따로 한 채뿐이었으나, 식구로는 굉장한 것이어서 한 지붕 밑에서 팔도 사투리를 죄다 들을 만큼 모아 놓은 미끈한 장정들만이 우실우실하였다. 이곳에 법령은 없었으나 여인 금납구(禁納區)였다. 만일 강심장의 여인이 있어 불의의 침입이 있다면 우리들의 호기심을 적이 자아내었고, 방마다 새로운 화제가 생기곤 하였다. 이렇듯 수도 생활에 나는 소라 속처럼 안도하였던 것이다.

사건이란 언제나 큰 데서 동기가 되는 것보다 오히려 적은 데서 더 많이 발작하는 것이다.

눈 온 날이었다. 동숙하는 친구의 친구가 한 시간 남짓한 문안 들어가는 차 시간까지 낭비하기 위하여 나의 친구를 찾아 들어와서 하는 대화였다.

"자네 여보게 이 집 귀신이 되려나?"

"조용한 게 공부하기 작히나 좋잖은가."

"그래 책장이나 뒤적뒤적하면 공분 줄 아나 전차간에서 내다볼 수 있는 광경, 정거장에서 맛볼 수 있는 광경, 다시 기차 속에서 대할 수 있는 모든 일들이 생활 아닌 것이 없거든, 생활 때문에 싸우는 이 분위기에 잠겨서, 보고, 생각하고, 분석하고, 이거야말로 진정한 의미의 교육이 아니겠는가 여보게! 자네 책장만 뒤지고 인생이 어떠하니 사회가 어떠하니 하는 것은 16세기에서나 찾아볼 일일세, 단연 문안으로 나오도록 마음을 돌리게."

나한테 하는 권고는 아니었으나 이 말에 귀 틈 뚫려 상푸둥 그러리라고 생각하였다. 비단 여기만이 아니라 인간을 떠나서 도를 닦는다는 것이 한낱 오락이요, 오락이매 생활이 될 수 없고, 생활이 없으매 이 또한 죽은 공부가 아니랴. 하여 공부도 생활화하여야 되리라 생각하고 불일내에 문안으로 들어가기를 내심으로 단정해 버렸다. 그 뒤 매일같이 이 자국을 밟게 된 것이다.

나만 일찍이 아침 거리의 새로운 감촉을 맛볼 줄만 알았더니 벌써 많은 사람들의 발자국에 포도(鋪道)는 어수선할 대로 어수선했고 정류장에 머물 때마다 이 많은 무리를 죄다 어디 갖다 터뜨릴 심산인지 꾸역꾸역 자꾸 박아 싣는데 늙은이 젊은이 아이 할 것 없이 손에 꾸러미를 안 든 사람은 없다. 이것이 그들 생활의 꾸러미요, 동시에 권태의 꾸러민지도 모르겠다.

이 꾸러미를 든 사람들의 얼굴을 하나하나씩 뜯어보기로 한다. 늙은이 얼굴이란 너무 오래 세파에 짜들어서 문제도 안 되겠거니와 그 젊은이들 낯짝이란 도무지 말씀이 아니다. 열이면 열이 다 우수 그것이요, 백이면 백이 다 비참 그것이다. 이들에게 웃음이란 가물에 콩싹이다. 필경 귀여우리라는 아이들의 얼굴을 보는 수밖에 없는데 아이들의 얼굴이란 너무나 창백하다. 혹시 숙제를 못 해서 선생한테 꾸지람 들을 것이 걱정인지 풀이 죽어 쭈그러뜨린 것이 활기란 도무지 찾아볼 수 없다. 내 상도 필연코 그 꼴일 텐데 내 눈으로 그 꼴을 보지 못하는 것이 다행이다. 만일 다른 사람의 얼굴을 보듯 그렇게 자주 내 얼굴을 대한다고 할 것 같으면 벌써 요사하였을는지도 모른다.

나는 내 눈을 의심하기로 하고 단념하자!

차라리 성벽 위에 펼친 하늘을 쳐다보는 편이 더 통쾌하다. 눈은 하늘과 성벽 경계선을 따라 자꾸 달리는 것인데 이 성벽이란 현대로써 위장한 옛 금성(禁城)이다. 이 안에서 어떤 일이 이루어졌으며 어떤 일이 행하여지고 있는지 성 밖에서 살아왔고, 살고 있는 우리들에게는 알 바가 없다. 이제 다만 한 가닥 희망은 이 성벽이 끊어지는 곳이다.

기대는 언제나 크게 가질 것이 못 되어서, 성벽이 끊어지는 곳에 총독부, 도청, 무슨 참고관(參考館), 체신국, 신문사, 소방조(消防組), 무슨 주식회사, 부청(府廳), 양복점, 고물상 등 나란히 하고 연달아 오다가 아이스케이크 간판에 눈이 잠깐 머무는데, 이 놈을 눈 내린 겨울에 빈집을 지키는 꼴이라든가, 제 신분에 맞잖은 가게를 지키는 꼴을 살짝 필름에 올리어본달 것 같으면 한 폭의 고등 풍자 만화가 될 터인데 하고 나는 눈을 감고 생각하기로 한다. 사실 요즈음 아이스케이크 간판 신세를 면치 아니치 못할 자 얼마나 되랴. 아이스케이크 간판은 정열에 불타는 염서(炎署)가 진정코 아쉽다.

눈을 감고 한참 생각하노라면 한 가지 거리끼는 것이 있는데 이것은 도덕률이란 거추장스러운 의무감이다. 젊은 녀석이 눈을 딱 감고 버티고 앉아 있다고 손가락질하는 것 같아서 번쩍 눈을 떠 본다. 하나 가까이 자선할 대상이 없음에 자리를 잃지 않겠다는 심정보다 오히려 아니꼽게 본 사람이 없었으리란 데 안심이 된다.

이것은 과단성 있는 동무의 주장이지만 전차에서 만난 사람은 원수요, 기차에서 만난 사람은 지기라는 것이다. 딴은 그러리라고 얼마큼 수긍하였댔다. 한자리에서 몸을 비비적거리면서도 "오늘은 좋은 날씨올시다", "어디서 내리시나요" 쯤의 인사는 주고받을 법한데, 일언반구 없이 뚱-한 꼴들이 작으나 큰 원수를 맺고 지내는 사이들 같다. 만일 상냥한 사람이 있어 요만큼의 예의를 밟는다고 할 것 같으면 전차 속의 사람들은 이를 정신 이상자로 대접할 게나. 그러나 기차에서는 그렇지 않다. 명함을 서로 바꾸고 고향 이야기, 행방 이야기를 거리낌 없이 주고받고 심지어 남의 여로를 자기의 여로인 것처럼 걱정하고, 이 얼마나 다정한 인생 행로냐.

이러는 사이에 남대문을 지나쳤다. 누가 있어 "자네 매일같이 남대문을 두 번씩 지날 터인데 그래 늘 보곤 하는가"라는 어리석은 듯한 멘탈 테스트를 낸다면은 나는 아연해지지 않을 수 없다. 가만히 기억을 더듬어 본달 것 같으면, 늘이 아니라 이 자국을 밟은 이래 그 모습을 한 번이라도 쳐다본 적이 있었던 것 같지 않다. 하기는 그것이 나의 생활에 긴한 일이 아니매 당연한 일일 게다. 하나 여기에 하나의 교훈이 있다. 횟수가 너무 잦으면 모든 것이 피상적이 되어버리느니라.

이것과는 관련이 먼 이야기 같으나 무료한 시간을 깨기 위하야 한마디 하면서 지나가자.

 시골서는 내로라고 하는 양반이었던 모양인데, 처음 서울 구경을 하고 돌아가서 며칠 동안 배운 서울 말씨를 섣불리 써 가며 서울 거리를 손으로 형용하고 말로써 떠벌려 옮겨 놓더라는데, 정거장에 턱 내리니 앞에 고색이 창연한 남대문이 반기는 듯 가로막혀 있고, 총독부 집이 크고, 창경원에 백 가지 금수가 봄 직했고, 덕수궁의 옛 궁전이 회포를 자아냈고, 화신(和信) 승강기는 머리가 힝-했고, 본정(本町)엔 전등이 낮처럼 밝은데 사람이 물밀리듯 밀리고, 전차란 놈이 윙윙 소리를 지르며 지르며 연달아 달리고-서울이 자기 하나를 위하야 이루어진 것처럼 우쭐했는데, 이것쯤은 있을 듯한 일이다. 한데 게도 방정꾸러기가 있어

 "남대문이란 현판(懸板)이 참 명필이지요."

 하고 물으니 대답이 걸작이다.

 "암 명필이고말고. 남(南) 자, 대(大) 자, 문(門) 자, 하나하나 살아서 막 꿈틀거리는 것 같데."

 어느 모로나 서울 자랑하려는 이 양반으로서는 가당한 대답일 게다. 이분에게 아현 고개 막바지에,─아니 치벽한 데 말고─가까이 종로 뒷골목에 무엇이 있던가를 물었다면 얼마나

당황해했으랴.

 나는 종점을 시점으로 바꾼다.

 내가 내린 곳이 나의 종점이요, 내가 타는 곳이 나의 시점이 되는 까닭이다. 이 짧은 순간 많은 사람 사이에 나를 묻는 것인데 나는 이네들에게 너무나 피상적이 된다. 나의 휴머니티를 이네들에게 발휘해낸다는 재주가 없다. 이네들의 기쁨과 슬픔과 아픈 데를 나로서는 측량한다는 수가 없는 까닭이다. 너무 막연하다. 사람이란 횟수가 잦은 데와 양이 많은 데는 너무나 쉽게 피상적이 되나 보다. 그럴수록 자기 하나 간수하기에 분망하나 보다.

 시그널을 밟고 기차는 왱―떠난다. 고향으로 향한 차도 아니건만 공연히 가슴은 설렌다. 우리 기차는 느릿느릿 가다 숨차면 가(假)정거장에서도 선다. 매일같이 웬 여자들인지 주룽주룽 서 있다. 저마다 꾸러미를 안았는데 예의 그 꾸러민 듯싶다. 다들 방년(芳年)된 아가씨들인데 몸매로 보아하니 공장으로 가는 직공들은 아닌 모양이다. 얌전히들 서서 기차를 기다리는 모양이다. 판단을 기다리는 모양이다. 하나 경망스럽게 유리창을 통하여 미인 판단을 내려서는 안 된다. 피상(皮相) 법칙이 여기에도 적용될지 모른다. 투명한 듯하나 믿지 못할 것이 유리다. 얼굴을 찌개논 듯이 한다든가, 이마를 좁다랗게 한다든가, 코를 말코로 만든다든가, 턱을 조개턱으로 만든다든가 하는 악희(惡戱)를 유리창이 때때로 감행하는 까닭이다. 판단을 내리는 자에게는 별반 이해 관계가 없다손 치더라도 판단을 받는 당자에게 오려던 행운이 도망갈는지를 누가 보장할소냐. 여하간 아무리 투명한 꺼풀일지라도 깨끗이 벗겨 버리는 것이 마땅할 것이다.

이윽고 터널이 입을 벌리고 기다리는데 거리 한가운데 지하 철도도 아닌 터널이 있다는 것이 얼마나 슬픈 일이냐. 이 터널이란 인류 역사의 암흑 시대요, 인생 행로의 고민상이다. 공연히 바퀴 소리만 요란하다. 구역날 악질의 연기가 스며든다. 하나 미구에 우리에게 광명의 천지가 있다.

터널을 벗어났을 때 요즈음 복선 공사에 분주한 노동자들을 볼 수 있다. 아침 첫차에 나갔을 때에도 일하고 저녁 늦차에 들어올 때에도 그네들은 그대로 일하는데, 언제 시작하여 언제 그치는지 나로서는 헤아릴 수 없다. 이네들이야말로 건설의 사도들이다. 땀과 피를 아끼지 않는다.

그 육중한 궤도차(軌道車)를 밀면서도 마음만은 요원한 데 있어 궤도차의 판장에다 서투른 글씨로 신경행(新京行)이니 북경행(北京行)이니 남경행(南京行)이니라고 써서 타고 다니는 것이 아니라 밀고 다닌다. 그네들의 마음을 엿볼 수 있다. 그것이 고력(苦力)에 위안이 안 된다고 누가 주장하랴.

 이제 나는 곧 종시를 바꿔야 한다. 하나 내 차에도 신경행, 북경행, 남경행을 달고 싶나. 세계일주행이라고 달고 싶다. 아니 그보다 진정한 내 고향이 있다면 고향행을 달겠다. 다음 도착하여야 할 시대의 정거장이 있다면 더 좋다.

《윤동주 연보》

1917년 12월 30일 만주국 간도성 화룡현 명동촌에서 부친 윤영석과 모친 김용 사이의 3남 1녀 중 장남으로 태어남. 아명은 우리말 '해'에 빛날 '환(煥)'자를 붙인 '해환'. 누이 윤혜원과 동생 윤일주, 윤광주가 있음.
1925년 4월 4일 만주국 간도성 화룡현의 명동소학교에 입학.
1929년 고종 사촌인 송몽규 등과 함께 〈새 명동〉이라는 문예지를 발간. 동요·동시 등을 발표함.
1931년 명동소학교 졸업. 송몽규 등과 함께 명동에서 10리 남쪽에 있는 소읍인 대납자의 중국인 소학교 화룡 현립 소학교 고등과에 편입함.
1932년 송몽규 및 소학교 동기 문익환과 함께 용정 은진중학교 입학. 가족들은 윤동주의 통학을 위해 간도성 용정가로 이사함.
은진중학교 재학 시절 친구들과 함께 교내 문예지를 발간해 문예 작품을 발표하고 축구 선수로도 활약했으며, 교내 웅변 대회에서 〈땀 한 방울〉이라는 제목으로 1등을 하는 등 다양한 활동을 펼침.
1934년 12월 24일 「삶과 죽음」, 「초 한 대」, 「내일은 없다」 등 3편의 시를 썼고, 이때부터 작품에 시작(詩作) 날짜를 기록함.
1935년 9월 평양 숭실중학교로 편입. 10월 학교 학생회에서 간행하는 〈숭실활천〉 제15호에 시 「공상」을 게재함으로써 작품이 최초로 활자화됨.
1936년 신사 참배 거부로 숭실중학교가 폐교되자 고향으로 돌아와 용정 광명학원 중학부 4학년에 편입. 간도의 연길에서 발행하던 〈카톨릭 소년〉에 '동주(童柱)'라는 필명으로 동시 「병아리」, 「빗자루」 등을 발표.
1937년 백석 시집 『사슴』을 베껴 필사본을 만들었으며 광명중학 농구 선수로도 활약함. 〈카톨릭 소년〉에 「오줌싸개 지도」, 「무얼 먹고 사나」, 「거짓부리」 등의 동시를 발표.

상급 학교 진학을 앞두고 의학 공부를 원한 부친과 갈등하나, 조부 윤하현과 외삼촌 김약연이 중재해 연희전문학교 문과에 진학하기로 결정.
1938년 4월 9일 송몽규와 함께 연희전문학교 문과에 입학.
여름 방학에는 고향 용정의 북부(감리) 교회 하계 아동 성경 학교에서 아이들을 가르침.
1939년 김약연 선생으로부터 시전(詩傳)을 배움. 〈조선일보〉 학생란에 산문「달을 쏘다」와 시「유언」,「아우의 인상화」를 '윤동주(尹東柱)' 및 '윤주(尹柱)'라는 이름으로 발표.
'윤동주(尹童柱)'라는 이름으로 〈소년〉에 동시「산울림」을 발표해 〈소년〉 편집인이었던 동요시인 윤석중을 만남. 처음으로 원고료를 받음.
1941년「서시」,「또 다른 고향」,「십자가」,「별 헤는 밤」,「새벽이 올 때까지」 등을 쓰는 한편, 연희전문학교 문과에서 발행한 〈문우〉에 시「자화상」,「새로운 길」을 발표함.
5월에는 기숙사를 나와 소설가 김송의 집에서 정병욱과 함께 하숙하다가 일본인 형사들의 감시를 피해 9월에 다시 하숙을 옮김.
12월 27일 연희전문학교 문과를 졸업함. 졸업 기념으로 19편의 작품을 엮어 자선 시집(自選詩集)『하늘과 바람과 별과 詩』를 77부 한정판으로 출간하려 했으나 실패함. 같은 시고집 3부를 작성해 이양하 선생과 정병욱에게 1부씩 증정함.
이해 말 고향집에서는 일제의 창씨 개명 강요와 탄압을 못 이긴 데다 윤동주의 도일(渡日) 수속을 위해 성씨를 '히라누마(平沼)'로 개명함.
1942년 졸업 후 일본에 가기 전까지 고향집에 머무르며 키에르케고르를 탐독함. 1월 24일에 쓴 시「참회록」이 고국에서 쓴 마지막 작품이 됨.

3월에 일본으로 건너가 4월 2일 도쿄 릿쿄(立敎) 대학 문학부 영문과에 입학. 여름 방학에 마지막으로 고향에 다녀감. 10월 1일 교토 도시샤(同志社) 대학 영문학과에 편입.

1943년 7월 14일 첫 학기가 끝나 귀향을 위해 차표까지 사 놓고 짐까지 부쳐 놓은 상태에서 송몽규와 함께 사상범으로 구속되어 교토 시모가모(下鴨) 경찰서에 구금됨. 당시 윤동주의 죄명은 '독립운동'으로 기록되어 있음. 체포 당시 일본 유학 중에 썼던 상당한 분량의 작품과 일기를 압수당한 뒤, 취조 형사의 심문에 우리말 원고를 일본어로 번역함.

1944년 2월 22일 윤동주, 송몽규 기소됨. 3월 31일 교토 지방재판소 제2형사부의 재판 결과, 개정 치안유지법 제5조 위반(독립운동)으로 징역 2년을 언도받아 규슈 후쿠오카 형무소에 수감됨. 송몽규 역시 같은 날 교토 지방재판소 제1형사부로부터 같은 죄목으로 2년 형을 선고받음.

옥중에서『영화대조 신약성서(英和對照新約聖書)』를 읽음. 고향 집에는 일본어로 쓴 엽서를 한 달에 한 장씩만 보낼 수 있었음.

1945년 형무소에서 옥사함.

매달 초순에 배달되던 윤동주의 엽서가 2월 중순까지 끊기고 대신 "2월 16일 동주 사망, 시체 가지러 오라."는 전보가 도착함. 부친 윤영석과 당숙 윤영춘이 시체를 인수하러 일본으로 떠난 사이 "동주 위독하니 보석할 수 있음. 사망 시엔 시체를 가져가거나 아니면 규슈 제대(九州帝大) 의학부에 해부용으로 제공할 것임. 속답 바람."이라는 통지서가 뒤늦게 도착함. 교도소 측은 우편으로 먼저 보냈다고 주장.

일본에 도착한 부친과 당숙은 송몽규부터 면회해 윤동주와 그가 매일 이름 모를 주사를 맞았다는 이야기를 들음. 형무소측에서 운명 시간이 오

전 3시 36분임을 알려줌. 규슈 제대에서 방부제를 사용해 윤동주의 시신은 생시와 다름없는 모습이었다고 함.

유해는 화장 후 고향에 옮겨 와 3월 6일 북간도 용정 동산에 자리한 교회 묘지에 안장함. 장례식에서는 〈문우〉에 발표되었던 「자화상」과 「새로운 길」이 낭독되었음.

이해 단오 무렵 가족들은 윤동주의 묘소에 '시인 윤동주지묘(詩人尹東柱之墓)'라고 새긴 비석을 세움. 송몽규도 윤동주가 죽은 지 23일 만인 3월 10일에 옥사함.

8월 15일 윤동주, 송몽규가 사망한 지 반 년 만에 해방이 됨.

1947년 2월 13일 유작 「쉽게 씌어진 詩」가 당시 편집국장이던 시인 정지용의 소개문과 함께 〈경향신문〉에 발표됨.

1948년 동생 윤일주가 유고 31편을 선별·편집하고, 정지용이 서문을 쓴 『하늘과 바람과 별과 詩』(정음사, 초판) 발간.

1955년 윤동주 10주기 기념으로 흩어져 있던 유고를 보완, 89편의 시와 4편의 산문을 묶어 다시 『하늘과 바람과 별과 詩』(정음사, 중판)가 출간됨. 2월 16일, 연희대학교 문과대학 주최로 최현배, 박영준, 김용호, 정병욱 등 친지, 동문, 후학들이 모여 윤동주 10주기 추도회를 가짐.

1968년 11월 2일 연세대학교 학생회 및 문단, 친지 등이 모금한 성금으로 연희전문학교 시절 윤동주가 지내던 기숙사 앞에 윤동주 시비를 건립하고 제막식을 가짐. 윤일주가 설계한 시비에 윤동주의 「서시」 친필을 확대해서 새김.

1976년 그동안 게재를 유보하였던 시 23편을 추가하여 『하늘과 바람과 별과 詩』(정음사, 제3판) 다시 발간.

1979년 1월 일제 때 일본 사법성 형사국의 극비 문서를 통해 송몽규, 윤동주의 형량이 알려지고 혐의가 '독립운동'이었음이 확인됨.
1982년 8월 윤동주에 대한 교토 지방재판소의 판결문 사본이 입수됨. 송몽규, 윤동주의 혐의 전모가 사후 37년 만에 비로소 밝혀짐.
1984년 일본어 번역 시집 『空と風と星と詩』 출판. 이후 불어판 『Le ciel, Le vent, Les etoiles et La poesie』(1988), 영어판 『Heaven, the Wind, Stars and Poems』(1989), 한글·중국어판 『尹東柱遺詩集』(1996), 불어판 『Ciel, Vent, Etoiles, et Poemes』(1997) 등 각국에서 번역 시집이 출간됨.
1985년 윤동주 연구가인 일본 와세다 대학 오오무라 마쓰오(大村益夫) 교수에 의해 북간도 용정에 있는 윤동주의 묘와 비석의 존재가 한국 학계와 언론에 소개됨.
1999년 그동안 몇 가지 사정으로 인해 공개되지 못했던 시 8편을 포함하여 윤동주가 남긴 모든 자필 자료들, 즉 자필 시선집 『하늘과 바람과 별과 詩』와 두 권의 원고 노트, 산문집, 낱장 원고 상태로 보관되어 온 육필 시고들, 장서 여백에 기록돼 있는 자필 단상(斷想) 등이 사진판으로 망라되어 수록된 『사진판 윤동주 자필 시고전집』(민음사) 발간.
윤동주 동시를 따로 엮은 최초의 동시집 『별을 사랑하는 아이들아』(푸른책들) 발간.

>>> 엮은이의 말

온 국민이 사랑하는 시인 윤동주

 우리나라 사람들이 가장 애송하는 시를 꼽으라면 단연 맨 앞자리에 드는 시가 바로 윤동주 시인의 「서시」이다. 수많은 이들에게 애송되는 시엔 그만한 이유가 있겠지만 굳이 분석적으로 접근할 필요는 없을 것이다. 누가 읽더라도 곧바로 와 닿는 바가 있어 마음을 울리고, 읽고 난 후에도 오래도록 그 여운이 남기 때문이다. 나는 감수성이 한창 예민하던 청소년기에 「서시」를 비롯하여 「별 헤는 밤」, 「자화상」 등 윤동주 시인의 시를 처음 접했던 순간의 감동을 아직도 생생하게 간직하고 있다. 그리고 다시금 윤동주 시집을 펼칠 때마다 그 순간의 울림이 고스란히 되살아나곤 한다.
 정지용 시인은 1948년에 처음 출간된 윤동주의 유고 시집 『하늘과 바람과 별과 시』(정음사)의 서문에서 '일제 시대에 날뛰던 부일문사(附日文士) 놈들의 글이 다시 보아 침을 배앝을 것뿐이나, 무명 윤동주가 부끄럽지 않고 슬프고 아름답기 한이 없는 시를 남기지 않았나? 시와 시인은 원래 이러한 것이다.'라고 썼다. 생전에 문단에 이름을 날린 적도 없이 다만 자기 혼자 시를 쓰며 시인의 꿈을 키우다가 독립운동 혐의로 일본 경찰에 체포되어 스물아홉이라는 이른 나이에 감옥에서 순절한 문학청년 윤동주야말로 순결한 영혼과 저항의 정신이 깃든 시를 남긴 진짜 시인이라는 것이다.

》》

  나는 아직도 지난 1999년에 시인이 직접 쓴 원고들을 사진으로 찍어 펴낸 『사진판 윤동주 자필 시고전집』(민음사)을 처음 펼쳐 들었을 때의 감격을 잊지 못한다. 정갈한 필체와 더불어 곳곳의 개고 흔적들이 마치 윤동주 시인의 숨결처럼 생생하게 다가왔기 때문이다. 마침내 나는 오랫동안 궁리해 오던 일을 시작할 용기를 낼 수 있었는데, 바로 윤동주 시인이 남긴 120여 편의 시 중 삼분의 일이나 되는 동시들을 모아 윤동주 동시집을 펴내는 일이었다. 그래서 동시 35편에 어린이들이 읽을 만한 시를 일부 추가하여 최초의 윤동주 동시집 『별을 사랑하는 아이들아』(푸른책들, 1999)를 엮어 낸 바 있고, 그 책은 지금 우리 아이들에게 널리 읽히고 있다.

  이제 윤동주의 시는 초등학교 1학년 국어 교과서에 실린 동시 「눈」을 비롯하여 20여 편이나 중·고등학교 교과서에도 실려 있어 온 국민이 애송하는 시들로 영원히 남으리라 여겨진다. 하지만 우리에게 익히 알려진 시 말고도 다른 많은 시들까지도 널리 읽히기를 바라는 마음으로 이 시집을 또 엮게 되었다. 윤동주 시인의 시를 본격적으로 처음 접하는 독자들에겐 때때로 낯설게 느껴지는 시들도 있겠지만, 윤동주 시인의 삶과 시를 더욱 사랑하는 계기가 되리라 믿는다. 또한 이 시집이 여러분에게 오래오래 곁에 두고 자주 펼쳐 보는 애장본이 되기를 바란다.

2011년 봄
엮은이 신형건

윤동주 1917년 북간도 명동촌에서 태어나 명동소학교와 연희전문학교 문과를 졸업했다. 중학교 시절 〈카톨릭 소년〉에 동시 「병아리」를 처음으로 발표했다. 일본 유학 중이던 1943년 독립 운동 혐의로 일본 경찰에 체포되어, 1945년 2월 16일 해방을 6개월 앞두고 후쿠오카 감옥에서 작고했다. 1948년 동생 윤일주와 지기 정병욱이 시인이 남긴 유고를 모아 시집 『하늘과 바람과 별과 시』를 출간하였다. 1999년 시인의 육필이 고스란히 담긴 『사진판 윤동주 자필 시고전집』과 동시를 따로 엮은 동시집 『별을 사랑하는 아이들아』가 출간되었다. 현재 초·중·고 〈국어〉 교과서에 20여 편의 시가 실려 있어 우리 어린이와 청소년들에게 두루 읽히고 있으며, 많은 시들이 전 국민에게 애송되고 있다. 또한 불어·영어·일본어·중국어판 등으로 해외 여러 나라에 널리 소개되었다.

신형건 1965년 경기도 화성에서 태어나 경희대학교 치의학과를 졸업했으며, 1984년 '새벗문학상'에 동시가 당선되어 작품 활동을 시작했다. 대한민국문학상·한국어린이도서상·윤석중문학상 등을 받았으며, 초등학교와 중학교 〈국어〉 교과서에 「거인들이 사는 나라」, 「입김」, 「손을 기다리는 건」 등 여러 편의 시가 실렸다. 지은 책으로 동시집 『거인들이 사는 나라』, 『배꼽』, 『엉덩이가 들썩들썩』, 『콜라 마시는 북극곰』, 『입김』, 비평집 『동화책을 먹는 치과의사』 등이 있다.

클래식 보물창고에는
오랜 세월의 침식을 견뎌 낸
위대한 세계 문학 고전들이 총망라되어 있습니다.
세대와 시대를 초월하여 평생을 동반할 '내 인생의 책'을
〈클래식 보물창고〉에서 만나 보세요.

1. 이상한 나라의 앨리스 루이스 캐럴 지음 | 황윤영 옮김
특유의 유쾌한 상상력과 말놀이, 시적인 묘사와 개성적인 캐릭터, 재치 넘치는 패러디와 날카로운 사회 풍자로 아동·청소년문학사와 영문학사에 큰 획을 그은 루이스 캐럴의 환상동화.
★BBC 선정 영국인 애독서 100선 ★학교도서관사서협의회 추천도서

2. 키다리 아저씨 진 웹스터 지음 | 원지인 옮김
서간문이라는 독특한 형식과 소녀적 감성이 결합된 성장기이자 로맨스 소설! 20세기 초 사회의 모순을 고발하고 개혁을 주장했던 진보적인 사상은 페미니즘 문학으로서의 의미를 더한다.
★학교도서관사서협의회 추천도서

3. 보물섬 로버트 루이스 스티븐슨 지음 | 민예령 옮김
인간이 가진 절대적인 선과 악을 그린 세계 최초의 해양 모험 소설. 영국 빅토리아 시대의 흥미진진한 꿈과 낭만을 대변하는 동시에 선악의 경계를 아슬아슬하게 줄타기하는 인간의 욕망을 고찰한다.
★BBC 선정 영국인 애독서 100선 ★미국대학위원회 SAT 권장도서

4. 노인과 바다 어니스트 헤밍웨이 지음 | 민예령 옮김
헤밍웨이 문학의 총결산이자 미국 현대문학의 중추로 일컬어지는 걸작. 생애의 모든 역경을 불굴의 투지로 부딪쳐 이겨 내는 인간의 모습을 하드보일드한 서사 기법과 절제미가 돋보이는 문체로 형상화했다.
★노벨 문학상 수상작가 ★퓰리처상 수상작 ★노벨연구소 선정 세계문학 100선
★대학수학능력시험 출제 작품

5. 하늘과 바람과 별과 시 윤동주 지음 | 신형건 엮음
우리나라 사람들이 가장 많이 애송하는 '민족 시인' 윤동주의 문학 세계를 엿볼 수 있는 시와 산문을 한데 모았다. 시대의 아픔을 성찰하며 정면으로 돌파하려 한 저항 정신은 물론이고 인간 윤동주의 맨얼굴을 만날 수 있다.
★연세대 필독도서 200선

6. 봄봄 동백꽃 김유정 지음
어려운 현실을 풍자와 해학으로 극복한 한국 근대 소설의 정수, 김유정의 대표작을 모았다. 원전을 충실하게 살려 아름다운 우리말을 풍요롭게 담고, 토속적 어휘는 풀이말을 달아 이해를 도왔다.

7. 거울 나라의 앨리스 루이스 캐럴 지음 | 황윤영 옮김
『이상한 나라의 앨리스』보다 한층 탄탄해진 구성과 논리적인 비유를 통해 보다 깊고 넓어진 재미와 감동을 선사하는 후속작. 현실 속의 정상과 비정상, 논리와 비논리, 의미와 무의미의 경계를 고찰한다.
★BBC 선정 영국인 애독서 100선 ★명사 101명이 추천한 파워클래식 ★학교도서관사서협의회 추천도서

8. 변신 프란츠 카프카 지음 | 이옥용 옮김
현대인의 고독과 불안을 그림으로써 실존주의 문학의 발전에 커다란 영향을 끼치며 20세기 문학계에서 가장 난해한 '문제 작가'로 꼽히는 프란츠 카프카의 대표작을 모았다. 원전에 충실한 번역으로 원유의 문체가 지닌 묘미를 만끽할 수 있다.
★서울대 권장도서 100선 ★연세대 필독도서 200선 ★미국대학위원회 SAT 권장도서

9. 오즈의 마법사 L. 프랭크 바움 지음 | 최지현 옮김
영화, 뮤지컬, 온라인 게임 등 다양한 장르로 재생산되어 지구촌 대중문화를 견인함으로써 문화 콘텐츠가 가지는 파급력의 정도를 생생하게 보여 주는 세기의 고전. 짜릿한 모험담 속에 담긴 치유의 기운이 마법 같은 순간을 선물한다.
★학교도서관사서협의회 추천도서

10. 위대한 개츠비 F. 스콧 피츠제럴드 지음 | 민예령 옮김
미국 현대 문학의 거장으로 꼽히는 F. 스콧 피츠제럴드의 대표작. 미국에서만 한 해 30만 부 이상 팔리는 스테디셀러로, 재즈 시대를 살았던 젊은이들의 욕망과 물질문명의 싸늘한 이면을 담아 낸 명실공히 미국 현대 문학의 최고작.
★〈타임〉지 선정 100대 영문 소설   ★미국대학위원회 SAT 권장도서
★〈뉴스위크〉지 선정 100대 명저   ★BBC 선정 꼭 읽어야 할 책

11. 오 헨리 단편선 오 헨리 지음 | 전하림 옮김
평범한 소시민의 일상과 삶의 애환을 따뜻한 시선으로 그린 오 헨리 문학의 정수로 손꼽히는 작품을 모았다. 인도주의적 가치관 위에 부조된 작가적 개성의 특출함을 만끽할 수 있다.

12. 셜록 홈즈 걸작선 아서 코난 도일 지음 | 민예령 옮김
세기의 캐릭터와 함께 펼치는 짜릿한 두뇌 게임. 치밀한 구성과 개연성 있는 전개, 호기심을 자극하는 독특한 설정이 포진되어 있음은 물론, 추리의 과정부터 카타르시스가 느껴지는 결말이 펼쳐져 있는 매력적인 소설.

13. 소공자 프랜시스 호즈슨 버넷 지음 | 원지인 옮김
사랑의 입자를 뭉쳐 만들어 놓은 것 같은 캐릭터를 통해 사랑의 선순환을 형상화한 소설. 순수한 직관과 무한한 잠재력을 지닌 동심의 세계를 느낄 수 있다.

14. 왕자와 거지 마크 트웨인 지음 | 황윤영 옮김
대중성과 작품성을 겸비해 '미국 현대 문학의 아버지'로 평가받는 마크 트웨인의 대표작으로 '뒤바뀐 신분'이라는 숱한 드라마의 원조 격인 소설. 부조리하고 불합리한 사회상에 대한 날카로운 비판과 통쾌한 풍자 속에 역사적 지식과 상상력을 담아 냈다.

15. 데미안 헤르만 헤세 지음 | 이옥용 옮김
자신의 내면세계를 향해 고집스럽게 걸음을 옮긴 주인공 싱클레어의 성장을 그린 영원한 청춘의 성서. 철학, 종교, 인간을 끊임없이 탐구했던 작가의 깊이 있는 시선과 인간 내면의 양면성에 대한 치밀한 묘사가 시선을 사로잡는다.
★노벨 문학상 수상작가

16. 말괄량이와 철학자들 F. 스콧 피츠제럴드 지음 | 김율희 옮김
재즈 시대의 자유분방한 젊은이들의 풍속도를 그린 F. 스콧 피츠제럴드의 소설집. 1920년대 고동치는 젊은이의 맥박을 생생하게 전달했다는 평가를 받는 작품들을 모았다.

17. 벤자민 버튼의 시간은 거꾸로 간다 F. 스콧 피츠제럴드 지음 | 김율희 옮김
70세의 노인으로 태어나 결국 태아 상태가 되어 삶을 마감하는 벤자민 버튼의 일생을 그린 환상소설을 비롯해 『위대한 개츠비』의 전신이라고 할 수 있는 F. 스콧 피츠제럴드의 작품들을 모았다. 실험적이고 혁신적인 화법으로 생생하게 형상화한 재즈 시대를 만끽할 수 있다.

18. 이방인 알베르 카뮈 지음 | 이효숙 옮김
출간과 동시에 하나의 사회적 사건으로까지 이야기된 알베르 카뮈의 대표작. 부조리하고 기계적인 시스템 속에서 인간이 부딪치게 되는 절망적 상황을 짧고 거친 문장 속에 상징적으로 담아낸, 작품 자체가 '이방인'인 소설.
★노벨 문학상 수상작가   ★노벨연구소 선정 세계문학 100선   ★미국대학위원회 SAT 권장도서

19. 크리스마스 캐럴 찰스 디킨스 지음 | 김율희 옮김
영국의 대문호 찰스 디킨스의 작가 정신과 개성이 고스란히 담긴 대표작. 19세기 영국 사회의 구조적 모순과 인간성 회복을 그린 영원한 고전이자 크리스마스의 상징이 되어 버린 소설.
★BBC 선정 영국인 애독서 100선   ★학교도서관사서협의회 추천도서

20. 이솝 우화 이솝 지음 | 민예령 옮김
2500년 동안 이어져 온 삶의 지혜와 철학을 담은 인생 지침서이자 최고(最古)의 고전! 오랜 세월 인류가 축적해 온 지식과 철학이 함축되어 있으며 남녀노소 누구나 읽을 수 있는 인류의 고전이라 할 수 있다.

21. 수레바퀴 아래서 헤르만 헤세 지음 | 함미라 옮김
작가의 자전적 경험이 녹아들어 있는 헤르만 헤세의 대표적인 성장소설. 총명한 한 소년이 개인의 자유와 개성을 억압하는 딱딱한 교육 제도와 권위적인 기성 사회의 벽에 부딪혀 비극으로 치닫는 이야기를 섬세하게 그리고 있다.
★노벨 문학상 수상작가   ★서울대 선정 고전 200선   ★국립중앙도서관 청소년 권장도서

22. 너새니얼 호손 단편선 너새니얼 호손 지음 | 한지윤 옮김
『주홍 글자』로 유명한 호손은 에드거 앨런 포, 허먼 멜빌과 더불어 미국 낭만주의 문학의 3대 거장으로 꼽힌다. 이 책은 45년간 우리나라 교과서에 실리기도 했던 「큰 바위 얼굴」을 비롯해 호손 문학의 대표 단편소설 11편을 실었다.

23. 에드거 앨런 포 단편선 에드거 앨런 포 지음 | 황윤영 옮김
「검은 고양이」, 「모르그 거리의 살인 사건」 등으로 유명한 에드거 앨런 포는 미국 낭만주의 문학의 거장이자 단편문학의 시조이며 추리 소설의 창시자이기도 하다. 기괴하고 환상적인 소재를 통해 인간 내면의 광기와 복잡한 심리를 치밀하게 형상화했다.
★미국대학위원회 SAT 권장도서   ★노벨연구소 선정 세계문학 100선

24. 필경사 바틀비 허먼 멜빌 지음 | 한지윤 옮김
장편소설 『모비 딕』의 작가 허먼 멜빌은 에드거 앨런 포, 너새니얼 호손과 함께 미국 낭만주의 문학의 3대 거장으로 꼽힌다. 정체불명의 필경사 바틀비의 '선호하지 않는' 태도와 철학은 갑갑한 현실 속에서 우리에게 깊은 공감과 위로를 이끌어 낸다.
★미국대학위원회 SAT 권장도서

25. 1984 조지 오웰 지음 | 전하림 옮김
『멋진 신세계』, 『우리들』과 더불어 세계 3대 디스토피아 소설로 불리는 걸작으로, 가공의 국가 오세아니아의 전체주의 지배하에서 인간의 존엄을 지키고자 했던 한 인물이 파멸되어 가는 과정을 그렸다. 오늘날에도 여전히 유효한 이 작품 속 경고는 시간이 지날수록 그 힘이 더욱 강력해지고 있다.
★〈뉴스위크〉지 선정 세계 100대 명저   ★〈타임〉지 선정 '20세기 최고의 책 100선'
★노벨연구소 선정 세계문학 100선   ★〈모던 라이브러리〉 선정 '20세기 100대 영문학'

26. 걸리버 여행기 조너선 스위프트 지음 | 김율희 옮김

풍자 문학의 거장 조너선 스위프트의 『걸리버 여행기』는 결코 온순하지 않다. 이 작품의 원문은 18세기 영국의 정치와 사회뿐만 아니라 인간의 본성을 신랄하게 풍자하고 있기 때문이다. 이 무삭제 완역본에는 스위프트가 고찰한 인간과 사회를 관통하는 통렬한 아이러니가 고스란히 담겨 있다.

★서울대 선정 고전 200선 ★미국대학위원회 SAT 권장도서
★〈뉴스위크〉지 선정 100대 명저 ★노벨연구소 선정 세계문학 100선

27. 헤르만 헤세 환상동화집 헤르만 헤세 지음 | 이옥용 옮김

헤세의 대표적인 동화 16편이 실린 작품집으로, 자기 발견과 자아실현을 위한 갈등과 모색을 독창적이면서도 환상적으로 표현했다. 또한 난쟁이, 마법사, 시인 등 신비로운 인물들과 천일야화, 중국과 인도의 민담, 신화 등 초자연적이면서도 경이로운 이야기들이 다채롭게 펼쳐진다.

★노벨 문학상 수상작가

28. 별·마지막 수업 알퐁스 도데 지음 | 이효숙 옮김

특유의 시적 서정성과 감수성으로 19세기 말 프랑스의 정취를 그려 낸 작가 알퐁스 도데의 단편소설을 모았다. 그의 대표작 「별」부터 전쟁의 비극을 감동적으로 풀어 낸 「마지막 수업」까지 알퐁스 도데의 진면목을 만끽할 수 있는 작품 15편이 들어 있다.

29. 피터 팬 제임스 매튜 배리 지음 | 원지인 옮김

연극, 뮤지컬, 영화 등으로 재탄생되며 100년이 넘는 세월 동안 전 세계 사람들의 사랑을 받아 온 '영원히 늙지 않는' 고전! 어른이 되지 않는 '피터 팬'과 어른이 없는 나라 '네버랜드'를 탄생시킴과 동시에 '피터 팬 신드롬'이라는 말을 낳으며 동심의 상징이 되었다.

30. 제인 에어 샬럿 브론테 지음 | 한지윤 옮김

『폭풍의 언덕』과 함께 '브론테 자매'의 걸작으로 손꼽히는 샬럿 브론테의 대표작으로, 어린 나이에 홀로 고난과 역경을 이겨 내고 오로지 '열정'으로 나이와 신분을 뛰어 넘어 사랑을 쟁취하는 여성, 제인 에어의 삶과 사랑을 자서전 형식으로 그려 냈다.

★미국대학위원회 SAT 권장도서 ★BBC 선정 영국인 애독서 100선 ★연세대 필독도서 200선

31. 폭풍의 언덕 에밀리 브론테 지음 | 황윤영 옮김

에밀리 브론테가 남긴 유일한 소설로, 주인공의 광기 어린 사랑과 복수를 통해 인간 내면의 세계와 본질을 그려 냄으로써 오늘날 세계 10대 소설, 영문학 3대 비극으로 꼽히며 세계 문학사의 걸작으로 남은 작품이다.

★미국대학위원회 SAT 권장도서 ★〈옵저버〉지 선정 '가장 위대한 소설 100'

32. 젊은 베르테르의 슬픔 요한 볼프강 폰 괴테 지음 | 함미라 옮김

독일 문학사를 일거에 드높였다는 평을 받는 세계적인 문호 요한 볼프강 폰 괴테가 젊은 시절의 체험을 바탕으로 써 내려간 자전적 소설. 찬란하지만 위태로운 젊음의 이면성을 격정적인 한 젊은이를 통해 그려 냈다.

★피터 박스올 〈죽기 전에 읽어야 할 1001권의 책〉 선정도서

33. 바스커빌가의 개 아서 코난 도일 지음 | 한지윤 옮김

〈셜록 홈즈〉 시리즈 사상 최악의 적수와 벌이는 사투가 팽팽한 긴장감을 자아내며 책을 덮는 순간까지 숨 쉬는 것도 잊게 만들 정도로 독자들을 사로잡는다. 독자들과 평론가 양쪽 모두에게 그 어떤 작품보다도 뛰어나다는 평가를 받아 온 아서 코난 도일의 대표작.

34. 헤르만 헤세 시집 헤르만 헤세 지음 | 이옥용 옮김
소설 『수레바퀴 아래서』와 『데미안』, 『유리알 유희』 등으로 꾸준한 사랑을 받고 있는 독일 문학의 거장 헤르만 헤세의 대표 시 105편을 묶었다. 통일과 조화를 꿈꾸며 화합하는 삶을 살고자 한 헤세의 고뇌를 엿볼 수 있다.
★노벨 문학상 수상작가

35. 인간 실격 다자이 오사무 지음 | 김아영 옮김
'내면적 진실의 정신적 자서전'이자 '문학 형태의 유서이며, 자화상'이라고 평가받는 다자이 오사무의 대표작으로, 인간에 대한 불신과 그로 인한 소외감과 죄악감으로 몸부림치다 세상에서 연약하게 무너질 수밖에 없었던 한 사람의 고백서이다.
★〈뉴욕 타임스〉지 선정 일본문학

36. 월든 헨리 데이비드 소로 지음 | 김율희 옮김
인간과 자연에는 신성이 내재되어 있다고 보고 정신적 삶을 지향했던 미국 초월주의 사상가 소로의 정수가 담긴 『월든』은 지나친 물질주의 속에서 거칠고 가난해진 정신을 지닌 현대인들에게 삶을 자유롭고 충만하게 사는 방법을 깨우쳐 준다.
★미국대학위원회 SAT 권장도서

37. 싯다르타 헤르만 헤세 지음 | 이옥용 옮김
불교의 교리를 창시한 석가모니와 같은 시대를 살았던 브라만 계층의 청년 싯다르타의 자아실현 과정을 담은 성장소설이다. 제1차 세계 대전 이후 전쟁의 상처를 어루만진 헤르만 헤세의 동양 사상은 오늘날까지 주체적이고 실존적인 길을 제시한다.
★노벨 문학상 수상 작가

38. 호두까기 인형 E.T.A. 호프만 지음 | 함미라 옮김
카프카와 함께 '환상적 사실주의'의 대표적인 작가이자 독일 낭만주의 사조에서 중요한 위치를 차지하는 호프만의 동화소설로, 꿈과 환상의 세계를 평범한 일상과 뒤섞어 놓은 독특한 서술 기법은 그로테스크한 긴장감과 함께 마술적인 시공간으로 독자들을 인도한다.

*'클래식 보물창고'는 끝없이 이어집니다.

클래식 보물창고 5
하늘과 바람과 별과 시

초판 1쇄 2011년 4월 25일 | **초판 7쇄** 2019년 4월 20일
지은이 윤동주 | **엮은이** 신형건 | **펴낸이** 신형건
펴낸곳 (주)푸른책들·임프린트 보물창고 | **등록** 제321-2008-00155호
주소 서울특별시 서초구 양재천로7길 16 푸르니빌딩 (우)06754
전화 02-581-0334~5 | **팩스** 02-582-0648
이메일 prooni@prooni.com | **홈페이지** www.prooni.com
카페 cafe.naver.com/prbm | **블로그** blog.naver.com/proonibook

ISBN 978-89-6170-216-4 04810
* 잘못된 책은 구입한 곳에서 바꾸어 드립니다.

ⓒ (주)푸른책들, 2011
* 이 책 내용의 일부 또는 전부를 재사용하려면 반드시
(주)푸른책들의 서면 동의를 얻어야 합니다.

> 이 도서의 국립중앙도서관 출판시도서목록(CIP)은 e-CIP홈페이지(http://www.nl.go.kr/ecip)와
> 국가자료공동목록시스템(http://www.nl.go.kr/kolisnet)에서 이용하실 수 있습니다.
> (CIP제어번호:CIP2011001158)

보물창고는 (주)푸른책들의 유아·어린이·청소년 도서 임프린트입니다